미래를 바꿀
IT 과학이야기

비트코인 • 웨어러블 • 사물인터넷

3D프린팅 • 가상현실 • 드론 • 무선통신

미래를 바꿀 IT 과학이야기 비트코인 • 웨어러블 • 사물인터넷 • 3D프린팅 • 가상현실 • 드론 • 무선통신

지은이 이재영 **1판 1쇄 발행일** 2014년 9월 24일 **1판 4쇄 발행일** 2018년 1월 30일
펴낸이 임성춘 **펴낸곳** 로드북 **편집** 장미경 **디자인** 이호용(표지), 박진희(본문)
주소 서울시 관악구 신림로 29길 8 101-901호
출판 등록 제 2011-21호(2011년 3월 22일) **전화** 02)874-7883
팩스 02)6280-6901 **정가** 17,500원 **ISBN** 978-89-97924-12-7 93000

이메일 chief@roadbook.co.kr **블로그** www.roadbook.co.kr

프롤로그

    IT 분야는 새로운 기술과 제품이 꾸준히 생겨납니다. 필자는 IT 엔지니어이기 때문에 필요에 의해서 혹은 흥미롭기 때문에 지속적으로 기사들을 챙겨보고 새로운 기술에 관심을 가지는데요. 이런 관심은 저 같은 엔지니어만의 생각은 아니라는 것을 최근에 알게 되었습니다.

    사람들은 지하철이나 집에서 뉴스를 많이 보게 되는데 그중에는 자주 오르내리는 이야기들이 있습니다. 아마도 뉴스들이 재미있거나 트렌드가 되는 소식들을 전하다 보니 여러 미디어들이 비슷한 뉴스를 전하는 것 같은데요. 그런 뉴스들을 들은 사람들은 "3D 프린터로 총을 만들었다더라 그래서 무서운 세상이다" 내지는 "홀로그램 장치는 왜 아직 안 나오는 거지?" 등의 이야기를 서로 주고 받게 됩니다. 하지만 딱 거기까지입니다. 기술적으로 깊은 이야기보다 그저 자주 듣는 소식들에 관해 이야기하는 것이죠.

    물론, 엔지니어가 아니기 때문에 깊이 있게 알아야 할 필요가 없다고 생각하는 것일 수도 있습니다. 하지만 필자의 생각에는 앞으로도 계속 뉴스에서 듣거나 보게 될 기술들을 조금만 이해하고 있다면 여러 곳에서 응용될 수 있을 것이라 생각하는데요.

영업을 하시는 분들은 현재 판매하는 제품의 장점과 단점을 이야기할 때 기술적으로 이야기가 가능할 것이라 생각하구요. 경영자 분들은 새로운 사업에 관해 구상하거나 현재의 서비스에 접목시키는 방법을 생각해 볼 수도 있으며 학생들은 앞으로 배울 기술들에 접목시킬 수도 있을 것입니다.

비트코인으로 노래 앨범을 산다.
드론이 추락했다.
웨어러블 디바이스가 대세다.
IoT 시장이 새롭게 떠오르는 큰 시장이다.

위에서 열거한 얘기들은 모두 인터넷 기사나 뉴스에서 듣던 말입니다. 자고 일어나면 새로운 용어가 탄생하고 새로운 기술이 등장하며 새로운 시장이 떠 오른다고 말하지만 무슨 뜻인지 파악도 하기 전에 계속해서 새로운 것에 또 밀려나고 맙니다. 그러다 보니 새로운 것이 탄생한다고 하면 시대에 뒤쳐지는 것이 아닌가 불안해하는 사람도 있고 반면에 새로운 기술과 새로운 제품이 나오면 아예 알려고 하지도 않는 사람도 있죠.

그런데 새로운 기술이라고 이야기하는 대부분의 것들은 예전의 것보다 조금 더 나아진 성능을 발휘하는 것이거나 다른 것에 접목된 것인 경우가 많습니다. 그 말은 앞으로의 기술들도 현재의 기술에서 발전한 것이라고 봐야 하는데요. 그렇기 때문에 지금이라도 이러한 기술들이 어떤 원리로 동작하고 어떤 구성을 가지는지 알아 둘 필요가 있습니다. IT 기술이 범람하고 있지만 큰 맥락으로서 바라보고 접근한다면 무엇이 우리에게 그리고 자신에게 필요한지 알 수 있습니다. 그러한 앎에 있어서 본 책이 나침반과 같은 역할을 할 수 있을 것이라 생각합니다.

이제 우리 책이 무엇을 말하고 있는지 본론으로 들어 가볼까요?

1장은 가상화폐에 관해서 이야기하고 있습니다.

사람들은 돈에 얽매어 살고 싶어하지 않지만 돈을 싫어하진 않는데요. 요즘 같은 시대에는 컴퓨터나 카드 또는 스마트폰으로 결제를 하는 경우가 많아 실제의 돈을 만질 기회가 별로 없고 오로지 컴퓨터 데이터로만 존재하는 경우가 많습니다. 이렇게 실제로 만지지 못하지만 물건을 사는 데 이용할 수 있는 화폐를 가상화폐라고 하는데요. 그렇다면 은행에서 거래 가능한 가상화폐와 그 외의 가상화폐는 어떤 차이가 있는지 그리고 왜 가상화폐를 찾는 사람들이 많아지는지 이야기해 보았습니다. 아울러 지금까지 거론되는 가상화폐 중에서 가장 많은 사용자가 있는 가상화폐로 비트코인이 있는데요. 비트코인은 도대체 무엇이며 어떤 원리로 거래가 되는지도 포함해 보았습니다.

2장은 웨어러블 디바이스에 관한 이야기를 하고 있습니다.

　신문이나 뉴스에서 "새로운 웨어러블 디바이스가 나왔다" "대기업에서 스마트 시계를 만들었다" 등의 소식을 자주 듣게 되는데요. 그러나 이상하리만치 주변에서는 웨어러블 디바이스를 찾아보기가 힘듭니다. 그만큼 간접 체험도 어렵다는 얘기죠. 그래서 웨어러블 디바이스는 무엇이고 헬스케어를 해준다는데 도대체 어떻게 해준다는 것인지 궁금해 하는 분들을 위해 필자의 경험담을 넣어봤습니다. 필자가 직접 헬스케어용 웨어러블 디바이스를 사용하면서 느꼈던 것을 공유하고 웨어러블 디바이스는 어떤 것들이 있으며 왜 웨어러블이어야 하는지에 관한 이야기도 포함하고 있는데요. 그 중에서도 웨어러블 디바이스가 되기 위해 꼭 필요한 기술인 배터리를 이해하기 위한 이야기도 포함하고 있습니다.

3장은 가상현실에 관해서 이야기합니다.

　가상현실은 실제는 아닌데 실재하는 것처럼 보고 듣고 느끼는 것을 뜻합니다. 그러기 위해서 사람은 어떻게 보고 듣게 되는지부터 이야기를 시작하였습니다. 가상현실은 예전부터 많이 시도되어 오던 기술 중 한 가지이지만, 아직까지 영화와 같은 가상현실은 경험해 볼 수가 없습니다. 그렇다면 그 이유도 궁금할 거라 생각하였는데요. 아울러 현실은 어느 정도까지 와 있는지 몇 가지 이야기를 담아봤습니다.

4장은 IoT(Internet Over Thing)로 불리는 사물 인터넷에 관한 이야기를 담았습니다.

스마트폰 시장이 포화되면서 기존의 폰을 제작하던 업체들은 다른 시장을 찾기 위해 애쓰고 있습니다. 그 결과로 찾게 된 시장이 사물 인터넷 시장인데요. 그 이유로 판매수량에 관해 이야기하는데 스마트폰에 비해 훨씬 더 개수가 많기 때문에 판매량 또한 높다는 이유입니다. 대표적인 예로 구글이 사물 인터넷 시대를 준비하고 있다고 보는데요. 그 시작은 하드웨어 시장에서 힘을 발휘하지 못하던 구글이 네스트랩이라는 회사를 인수하면서부터라고 생각한 것입니다. 그래서 네스트랩이라는 회사는 어떤 제품을 만들고 있으며 어떻게 사용되는지 이야기해 보았습니다.

5장은 3D 프린터에 관한 이야기가 있습니다.

3D 프린터는 오래된 기술이고 특수한 산업현장에서 써 오던 것들인데요. 요즘 들어 많은 이야기가 나오는 이유는 특허가 만료되면서 여러 제품이 나오게 되었기 때문입니다. 3D 프린터가 물건을 인쇄하는 원리를 이용하여 여러 가지 재료를 사용하면 다양한 것들을 만들어 낼 수 있는데요. 거기에는 작은 부품부터 인형 그리고 의료분야에 사용하는 인공 턱 등이 있습니다. 이와 같이 여러 분야에서 사용될 수 있는 3D 프린터의 원리를 이야기하고 어떻게 다른 곳에서 사용될 수 있는지 생각해보면 좋을 것이라 생각하여 이번 이야기를 준비하였습니다.

6장은 드론을 포함하는 비행에 관련하여 이야기를 해보았습니다.

대부분의 사람들이 하늘을 나는 것에 흥미를 느낍니다. 그래서 비행기를 타면 바깥을 구경하고 싶어하죠. 이번 장에서는 비행기는 어떻게 날 수 있으며 어떤 서비스를 위해 이용될 수 있는지 이야기하였는데요. 구글이나 아마존 그리고 페이스북 같은 회사들이 드론이라고 불리는 비행기를 이용하여 어떤 서비스를 준비하는지 그리고 어떤 문제가 발생할 수도 있는지 이야기하였습니다. 그리고 군사용 목적의 드론에 관한 이야기가 있는데요. 군사용 제품은 일반 제품보다 특수한 환경에서 사용되므로 흥미 있는 기술을 사용하는 것이 많아서 그 기술에는 어떤 것들이 있으며 그리고 어떻게 드론이 무인 비행을 할 수가 있는지 살펴보았습니다.

7장은 무선통신에 관한 이야기입니다.

요즘은 하드웨어 기술이 많이 발전하고 사람들의 요구에 따라 무선통신을 사용하는 기기가 많이 있습니다. 그런데 무선통신이라는 것이 눈에 보이는 것이 아니라서 파악하기가 힘든데요. 그렇지만 앞으로 만들어지는 제품들은 무선통신을 이용하는 제품들이 더욱 많아질 것이라 생각되어 무선통신의 원리를 이해하면 좋을 것이라 생각하였습니다. 그래서 무선통신의 원리를 이해하여 왜 통신회사들이 광대역을 이야기하는지 그리고 왜 통신 속도가 빨라지는지 등을 다루어봤습니다.

본 책에는 각 장마다 다른 기술들에 관해 이야기합니다. 한 가지 기술만 다루는 책을 보는 일도 쉽지가 않고 재미도 없는데 여러 기술들이 책 한 권에 들어 있으니 이 책도 어려울 것이라 생각할 수 있는데요. 그래서 기술에 능통하지 않은 분들도 이해할 수 있도록 각 장마다 예를 많이 들어 설명하려고 노력하였습니다.

한 시대의 기술들을 이해하는 일은 한 시대의 생활 행태와 문화를 이해하는 밑바탕이 됩니다. 조선시대를 이해하기 위해서는 당시에 사용되었던 기술과 생활에 관한 글들을 읽어봐야 하듯이 현재의 시대를 통찰하기 위해서는 트렌드가 무엇이고 어떤 기술들이 사용되며 그 이유가 무엇인지 알려고 노력해야 한다는 것이죠. 여러분도 그러한 관점으로 이 책을 읽어주셨으면 합니다.

지적인 욕구를 해소하는 일은 인터넷이나 TV에서도 좋은 정보를 많이 제공하기 때문에 쉽게 얻을 수 있지만 아직까지도 많은 사람들은 책을 보면서 많은 정보를 얻고 있습니다. 어떤 이는 역사나 철학과 같은 인문학을 공부하고 어떤 이는 경영전략이나 마케팅 등의 책을 찾아 보기도 합니다. 때로는 소설책에 깊이 빠지기도 하죠. 어떤 목적을 두고 읽든지 간에 우리는 '읽기'라는 지적인 욕구는 책을 통해서 많이 얻고 있습니다.

여러분도 이 책을 통해서 그동안 뉴스나 주위에서 들어왔던 이야기들의 궁금함을 조금이나마 해소할 수 있기를 바랍니다. 조금 더 바란다면 책에서 소개된 기술을 응용할 수 있는 기회가 생겨 약간의 도움이라도 받는다면 필자에겐 기쁨이 될 것입니다.

이재영

2014년 8월

목차

Story 06_IT는 하늘도 변화시킨다

플라잉

비행선으로 배달을?!

드론의 기술

[이것이 알고 싶다]
Q. 드론이 배달을 한다, 언제쯤 일상화하고 문제점은 무엇일까요?
Q. 구글의 Solara50 등의 성층권 비행의 문제점은 없나요?
Q. 드론과 관련된 소프트웨어 기술은 어떤 게 있을까요?

Story 07_무선 통신은 어디까지 갈 것인가

유선으로부터의 자유

내 손안의 무선통신

무선은 통신만 하는 게 아니다

[이것이 알고 싶다]
Q. 무선통신에 수학공식이 필요한 이유는 무엇인가요?
Q. 전자기파는 어떻게 실재한다는 게 증명되었나요?
Q. 스마트폰의 무선통신 칩은 어떻게 생겼나요?

에필로그

돈은
어디로 가고 있는가

_ 돈은 누가 만들었나?
_ 가상 화폐와 물리적 화폐
_ 비트코인의 거래와 채굴

돈은 누가 만들었나?

요즘은 지폐를 만지는 일이 그렇게 많지는 않습니다. 신용카드를 사용하고 온라인으로 입금과 출금을 해결하고 있기 때문이죠. 그러다보니 돈은 실체가 없는 것이 되어가고 있습니다.

돈의 기원

세상 사람들은 돈이 최고라고 말하지는 않지만, 돈을 싫어하지는 않습니다. 돈이 있으면 맛있는 음식을 마음껏 먹을 수 있고 사고 싶은 것들을 마음대로 살 수 있으며 가족과 여행도 다닐 수 있죠. 그래서 돈을 많이 벌려고 노력하며 모으게 되는데, 사람마다 만족하는 정도가 달라 돈을 많이 가지려고 하는 사람이 있는 반면에 적게 가지고도 행복하게 살아가는 사람이 있습니다.

▲ 돈의 기본 목적은 물건을 교환하거나 서비스를 받을 때 사용되는 것입니다.

돈의 기본적인 목적은 물건을 교환하거나 서비스를 받을 때 사용된다는 것입니다. 그래서 상대방이 원하는 만큼의 돈을 주면 자신에게 물건이 주어지는 것이죠.

역사 책에서 보면, 돈이 사용되기 이전 시대에는 물물교환을 통해 필요한 것을 얻었다고 되어 있습니다. 밭을 가꾸는 사람은 야채를 가지고 논을 가꾸는 사람의 쌀과 교환을 해야 했습니다. 마찬가지로, 돼지나 소를 키우는 사람은 생선을 먹고 싶을 때 어부와 물물교환을 통해 서로 원하는 것을 교환해야 했습니다.

그런데 물물교환을 위해서는 거래가 성사될 지도 모를 일에 직접 물건을 가지고 다녀야 하는 불편함이 있었죠. 그러다 보니 대신해서 가치를 지니는 물건을 찾게 되었으며, 그 결과 쉽게 구하지 못하는 물건을 이용하게 되었고 이것이 화폐의 기원이라고 볼 수 있습니다.

화폐는 각 나라마다 각 지역마다 사용되는 것이 달랐습니다. 그렇게 된 이유는 쉽게 구할 수 있는 물건은 가치가 없기 때문이었습니다. 그래서 육지에 사는 사람들은 음식에 맛을 더하는 소금을 교환의 단위로 사용하기도 하였고 곡식을 사용하기도 하였습니다. 이후, 금과 은을

▲ 화폐의 기원은 거래를 위해 가치 있는 물건을 찾는 데서 비롯되었습니다

가공하여 모방할 수 없는 모양으로 만들어 거래에 사용하던 시대를 지나 지폐나 동전과 같은 종이 또는 금속을 이용하는 시대가 오게 되었는데요. 어쩌면 우리는 실제의 지폐나 동전에서 가상화폐로 넘어가는 시대에 서 있다고도 볼 수 있습니다. 조

금만 생각해보면, 실제의 돈을 만져서 거래를 하는 것보다 카드나 스마트폰 또는 온라인 결제를 이용하는 경우가 더 많기 때문입니다.

앞에서도 얘기했지만, 돈은 쉽게 구할 수 없다는 것에 가치를 두고 있습니다. 그런데 이 시대에서 사용하고 있는 지폐나 동전은 정부에 의해서 쉽게 만들어질 수 있는 것들이죠. 그렇다면 쉽게 구하지 못하게 통제를 해야 그 가치가 유지될 것입니다. 그래서 정부가 돈의 유통량을 조절하게 되고 위조지폐가 만들어지지 않도록 노력하는 것입니다.

돈의 유통량을 조절하는 일은 모두의 이익을 위해 필요한 것이라고 할 수 있습니다. 그 예를 한 가지 들어보겠습니다.

스타벅스에서 커피를 한잔 사먹으려면 금 100그램이 필요하다고 하겠습니다. 이와 경쟁하는 업체 엔제리너스에서는 커피를 금 90그램에 판다면 많은 사람들이 엔제리너스로 가겠죠. 사람들은 열심히 모은 금을 헛되이 쓰고 싶지 않아 조금이라도 싼 곳으로 갈 것이기 때문입니다. 그리고 스타벅스나 엔제리너스도 마찬가지로 금을 아끼기 위해 재료를 싸게 구입하거나 서비스를 줄이려 노력할 것이고 재료를 파는 사람은 더 많이 생산하거나 인력을 줄여 지출을 최소화하려고 할 것입니다.

금은 이렇게 돌고 돌아 사람들에게 이로움을 주면 좋은데요. 갑자기 금광이 발견되어 금이 많이 생기게 되어 사람들에게 금을 나눠주면 어떻게 될까요? 금 50그램을 받고 커피를 재배하던 사람들이 금이 많아지면 일을 하려고 하지 않을 것입니다. 그래서 금 50그램을 주던 사람들에게 금 100그램을 줘야 하죠. 그렇게 되면 커피전문점들은 금 90그램과 100그램에 팔던 커피값도 올릴 수밖에 없습니다. 그래서 소비자들은 금 150그램에 커피를 사 먹어야 되는 것이죠.

이렇게 돈이 쉽게 얻을 수 있는 물건이라면 곳곳에서 문제가 발생할 수 있습니다. 그래서 쉽게 가치가 변하지 못하도록 정부에서 관리하는 것입니다. 그럼 돈에 대해 좀더 알아볼까요?

돈은 잘 돌고 돌아야 한다

돈이라는 것은 잘 돌고 돌아야 합니다. 그래야만 서로가 이롭게 되는 것인데요. 예를 들어, 일반사람이 커피를 생산하고 커피전문점에서는 이를 구매하여 서비스와 함께 팔게 되며 다시 일반사람이 이를 사먹는 구조가 있다고 하겠습니다.

이때, 커피전문점에서 커피를 구매하고 판매하면서 돈이 이동하게 되는데요. 아주 저렴한 가격에 커피를 사와서 소비자들에게 비싼 가격에 판매한다면, 돈은 커피전문점에만 모이게 될 것입니다. 그렇게 되면 커피 재배를 하는 사람들은 적은 돈으로 판매하므로 인력들에게 적은 돈을 지불할 수밖에 없습니다. 그러면 결국에 소비자가 되는 인력들은 돈이 적어지므로 커피전문점에서 사먹는 커피를 줄이게 되는 것이죠.

이러한 악순환이 계속되면 커피전문점은 커피를 사오는 커피 양이 줄게 되고 다시 커피 재배를 하는 사람은 커피를 팔지 못하므로 인력을 줄이는 등의 일이 생기게 되겠죠. 그 결과 아래의 그림과 같은 순환고리에 문제가 생기는 것입니다.

▲ 돈이 잘 흘러 서로에게 도움이 될 수 있도록 정부가 적절하게 중개하고 있습니다

　　순환고리에 문제가 생긴 시점에서 정부가 중개를 한다면 즉, 커피생산에 필요한 자금과 인력을 지원해주고 커피전문점에게 정당한 가격을 커피재배자들에게 지불하지 않을 경우 세금을 더 내도록 하거나 법적으로 제재를 가할 수 있을 것입니다. 그 결과로 다시 순환고리가 살아나면 소비자와 커피전문점 그리고 커피재배자의 관계가 좋아질 것입니다. 이러한 순환의 고리를 조절하는 역할은 각 나라의 정부에서 하고 있는데요.

중개하는 방법 중에 가장 단순한 방법은 돈을 관리하고 만들어 내는 것입니다.

그렇다면 정부가 어떻게 돈을 관리하는지 궁금해 하실 것 같은데요. 이를 알기 위해서는 '금리'를 보면 알 수 있습니다.

우리나라의 금리는 금융통화위원회(금통위로 불림)에서 정하고 있습니다. 아마 여러분은 '금리가 X.XX%로 동결되었다' 내지는 '올랐다', '내렸다'는 소식을 뉴스에서 자주 들은 적이 있을 겁니다. 여기서 이야기하는 '금리'는 은행들이 나라에서 빌릴 때 지불하는 '이자'를 이야기합니다. 그래서 금리가 낮다는 말은 이자가 낮다는 말이므로 은행들은 나라로부터 낮은 이자에 돈을 빌릴 수 있는 것이죠. 나라에서 낮은 금리에 돈을 빌릴 수 있으면 결과적으로 기업이나 일반인들에게도 낮은 이자율로 돈을 빌려 줄 수도 있을 것입니다. 그렇게 되면 대체적으로 기업들의 투자도 늘어나게 됩니다. 기업들이 낮은 이자에 돈을 빌릴 수 있으므로 투자를 통하여 더 많은 돈을 벌려고 노력하는 것이죠. 그러다보니 주식이 올라가는 결과를 만들어 내기도 하고 일반사람들은 이자가 낮으므로 돈을 빌려서 집을 사거나 개인투자를 하기도 합니다. 그러면 돈은 시중에 많이 풀리게 되어 정부는 소비가 활발해질 것이라 기대합니다.

그런데 소비가 활발해지면 판매할 물건이 모자라게 되는 일도 발생합니다. 그래서 물건을 만들기 위한 재료가 부족하게 되는 일도 생기게 되죠. 그 결과 재료의 가격이 오르게 되어 물건의 판매가격도 오르게 됩니다. 이는 곧 물가가 오르는 원인이 되기도 합니다. 그래서 금리를 내리는 일은, 기업의 투자를 이끌어 경제를 활발히 움직이게 할 수는 있어도 물가가 오른다는 문제를 만들어 내기도 합니다.

반대로, 금리가 높으면 은행들이 높은 이자에 돈을 빌려줘야 하므로 기업은 투자를 줄이고 소비자 또한 소비를 줄이게 되죠. 그러면 자연스레 주식이 떨어지게 되고 시중의 돈이 잘 흐르지 않게 되므로 물건이 잘 팔리지 않아 기업들은 싼 가격에 팔려고 할 것입니다. 그래서 물가가 떨어지게 됩니다.

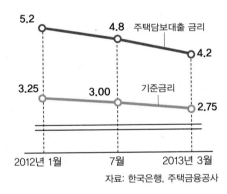

기준금리와 주택담보대출 금리 (단위: %)

5.2
4.8 주택담보대출 금리
4.2
3.25
3.00 기준금리
2.75

2012년 1월　　　　7월　　　2013년 3월

자료: 한국은행, 주택금융공사

▲ 자료에 따르면 정부가 금리를 조절했을 때 은행의 이자도 함께 조절되는 경향을 보여줍니다

이렇게 금리를 조절하는 것만으로도 정부는 돈의 흐름을 조절할 수 있습니다. 그런데 꼭 이대로 흐른다고 볼 수도 없습니다. 기본적으로는 앞서 얘기한 내용이 맞다고 볼 수도 있겠지만, 돈은 우리나라에서만 사용되는 것이 아니라 전세계의 다른 나라와도 교환되어야 하기 때문인데요.

예를 들어, 금리가 오르면 이자가 높아 은행에 돈을 넣어두기만 해도 일반인들은 높은 이자를 받을 수 있다는 것을 압니다. 그래서 소비보다는 은행에 돈을 넣어두게 되죠. 그런데 이런 일은 외국인들 눈에도 똑같이 보입니다. 그래서 금리가 높으면 은행에서 지급하는 이자가 높아지므로 외국인들도 자기 나라의 돈을 바꿔서 우리나라에 저축하여 이자를 받으려고 하겠죠. 그 결과로 환율[01]이 오르게 됩니다.

우리나라와 일본의 예를 들면, 우리나라의 금리가 높아질 때 일본인들은 일본돈을 한국돈으로 바꿔서 한국 은행에 저축하려 할 것입니다. 그러면 한국돈을 바꾸려는 일본인이 많아지므로 찾는 사람이 많아지겠죠? 그런데 외국에서 한국돈으로 바꿀 수 있는 양은 그렇게 많지 않을 것입니다. 그러므로 한국돈을 구할 수가 없어 일본돈을 많이주고 한국돈으로 바꿔야 합니다. 그 결과 한국돈이 비싸지는 원화강세가 나타나게 되죠.

원화강세가 나타나면 한국돈을 조금만 주어도 일본돈으로 쉽게 바꿀 수가 있습니다. 그렇게 되면 일본제품을 쉽게 살 수 있게 되므로 수입시 싼 가격에 살 수 있습니다. 이번엔 반대로 한국돈을 많이 줘야 일본돈으로 바꿀 수 있는 원화약세의 경우는 어떨까요?

한국돈이 싸졌으므로 일본돈을 한국돈으로 쉽게 바꿀 수 있는 상황이 되어 일본으로 수출할 때 싸게 많은 물건을 수출

---

01 환율 : 다른 나라의 돈을 우리나라 돈으로 교환할 때 적용하는 비율. 즉, 환율이 높으면 다른 나라의 돈을 더 많이 줘야 우리나라 돈으로 바꿀 수 있습니다.

할 수 있게 됩니다. 수출을 잘하게 되면 기업들의 입장에서 판매를 많이 하게 되어 성장하게 되겠죠. 그 결과 많은 일자리를 만들어 낼 것이라 기대를 하는 것입니다.

이렇듯 정부에서 돈을 관리하는 일은 쉬운 일은 아닌 것 같아 보입니다. 많은 정책들이 나오고 좋은 이야기를 많이 하지만 정확히 실현되지가 않죠. 금리만 조절한다고 물가가 마음대로 움직이지 않을 수도 있고 다른 나라의 상황이 어떻게 바뀔지도 모르기 때문입니다. 그래서 본 책에서는 아주 상식적인 수준에서만 설명한 것이었구요. 지금부터는 많은 이슈가 되고 있는 가상화폐에 관하여 조금 더 자세히 알아보려 합니다.

돈의 미래

지금까지 설명했던 돈은 정부에 의해서 관리되는 화폐입니다. 화폐란 어떠한 물건을 교환할 때 물건의 가치를 대신하여 사용할 수 있는 것인데요. 정부에 의해서 관리되는 화폐이므로 언제든지 화폐를 물건으로 교환할 수 있게 보장합니다. 그래야만 사람들이 돈을 사용하려고 할 것이고 기업들은 그들에게 원하는 물건과 서비스를 제공할 것이기 때문입니다.

이러한 신뢰를 위해 정부에서는 위조지폐가 생기지 않도록 감독하고 헌 지폐는 새 지폐로 교환을 해 주기도 하는데요. 그런데 요즘은 지폐나 동전과 같은 돈을 만져볼 기회가 별로 없는 것 같습니다.

그 이유로는 신용카드를 사용하거나 온라인으로 입금과 출금을 해결하고 있기 때문입니다. 그러다보니 실체가 없이 가상적으로만 존재하는 돈이 되어가고 있는 것인데요. 온라인상에서 데이터로만 존재하기 때문에 우리는 전자화폐 또는 가상화폐라고 부르고 있습니다.

▲ 요즘은 지폐를 직접 만지는 일이 많지가 않고 데이터로만 존재하는 가상화폐가 많이 사용됩니다

가상화폐도 화폐의 한 종류로 사용되기 때문에 기존의 화폐와 마찬가지로 물건으로 바꿀 수 있거나 지폐나 동전과 같이 실제의 화폐로 바꿀 수 있어야 합니다. 이때 교환을 위해서는 정부에서 만들어 내는 실제의 화폐와 마찬가지로 누군가가 교환을 보장해줘야겠죠? 그래서 가상화폐는 아무나 유통시킬 수는 없고 교환을 보장하는 은행만 가상화폐를 사용할 수 있도록 정부가 허가합니다.

요즘은 뉴스에서 비트코인Bitcoin과 같은 가상화폐에 관한 소식을 많이 들을 수 있습니다. 이는, 개념적으로는 앞서 언급한 은행이 발급하는 가상화폐와 같지만 정부에 의해서 관리되지도 않고 보장하는 은행도 없습니다. 그렇기 때문에 누군가가 비트코인을 가져와도 물건을 줘야 할 이유도 없고 비트코인을 가지고 있다고 하여도 실제의 화폐로 바꾸지 못할 수도 있는데요. 그런데도 왜 사람들은 비트코인을 이야기하고 뉴스에서도 다루는 것일까요?

요즘 이슈가 되고있는 가상화폐는 '비트코인' 외에도 많은 나라와 기업들이 시도해 왔고 지금도 새로운 시도가 계속되고 있는 화폐 중 한 종류입니다. 그 중에서 '비트코인'이 가장 유명한 것뿐이죠. 사실, 이러한 가상화폐들은 아직까지 테스트 중인 것이라 할 수 있습니다. 그래서 앞서 얘기한 대로 비트코인을 물건으로 교환하거나 실제의 화폐로 받지 못할 수도 있는 것인데요. 그런데도 물건으로 교환해주는 사람들이 계속 생겨나고 있는가 하면 실제의 화폐로 교환을 보장해주는 기업도 자리를 잡아가고 있습니다.

지금까지 시도되어 왔던 가상화폐들은 정부의 보장이 없고 관리를 받지 않기 때문에 불안한 요소가 많았습니다. 그래서 실패한 것들이라고 할 수 있는데요. 하지만 비트코인은 기존의 것들과는 다르게 사람들의 신뢰를 쌓아가고 있는 가상화폐입니다. 그래서 지금까지 전세계적으로 이용되고 있는 정도를 보면, 언제까지일지는 몰라도 가상화폐가 계속 확산될 것으로 보는 사람들이 많죠. 또한 같은 이유로 벤처캐피탈과 같은 투자회사들도 가상화폐에 관심을 가지는 것이 아닌가 생각합니다.

많은 사람들이 가상화폐가 우리 생활에 변화를 가져올 현상으로 보고 있으므로 우리는 가상화폐는 어떤 것이고 실제의 화폐와는 어떤 관계가 있는지 알아야 할 것입니다. 그리고 가상화폐 중에서 가장 유명한 '비트코인'은 어떻게 운영되는 것인지 알 수 있다면 새로운 가상화폐가 생겨나더라도 그 운영 방법에 대해 이해를 할 수 있을 것입니다. 이러한 내용들을 다음 절부터 이어나가도록 하겠습니다.

가상 화폐와 물리적 화폐

많은 기업과 가게들이 비트코인이 안전하다고 생각하고 비트코인을 거래에 사용할 수 있도록 하면서 "비트코인을 사용할 수 있을까?"에서 "비트코인을 사용할 수 있네!"로 바뀐 것입니다.

가상 화폐란 무엇인가

여러분의 지갑 속에는 신용카드와 같이 지불 용도로 사용할 수 있는 카드가 한두 개씩은 있을 거라 생각합니다. 요즘은  물건을 사도 온라인에서 많이 사게 되고 오프라인에서 구매를 하더라도 신용카드나 직불카드를 많이 사용하고 있습니다. 그래서 실제적인 화폐를 만지는 일이 별로 없는데요.

여러분도 잘 생각해보면 지폐를 사용하는 일도 별로 없고 구경하는 일도 별로 없다는 것을 알 수 있을 것입니다. 저도 마찬가지로 아침에 출근해서 퇴근하여 집에 올 때까지 지폐는커녕 지갑조차도 잘 열지를 않는 것 같습니다.

교통카드는 지갑을 닫아 둔 채로 사용할 수 있고 식사비용이나 커피값도 핸드폰을 사용하거나 교통카드[02]와 마찬가지로 지갑을 닫아 둔 채로 이용할 수 있죠. 그리고 한 달 중에 가장 기다려지는 그날, '월급날'에도 통장으로 입금되었다는 문자만

---

02 요즘 신용카드도 교통카드와 마찬가지로 RFID로 결제가 가능합니다

한통 받을 뿐입니다. 아쉽게
도 금방 누군가에 의해서 빠
져나가지만 말이죠.

그렇다면 방금 얘기했
듯이 만지지 않고도 사용 가
능한 화폐와 뉴스에서 말하
는 '비트코인'과 같은 가상
화폐는 어떤 관계가 있을
까요?

앞서 은행으로 입출금을 하고 신용카드나 직불카드로 지
불하는 것도 가상화폐의 한 종류라고 얘기했습니다. 대신에, 은
행들과 같이 정부에서 인정한 기업들을 통해서 돈이 이동하는
것이고 언제든지 물리적인 화폐로 바꿀 수 있도록 보장한다는
차이가 있을 뿐인데요.

반면에, '비트코인'과 같은 가상화폐는 아직까지 정부에
서 인정하지도 않고 물리적 화폐로의 교환이 보장되지도 않습
니다. 그래서 어떤 분들은 정부에서의 규제가 있는 가상화폐와
규제가 없는 가상화폐를 구분하기 위하여 '전자화폐'와 '가상
화폐'로 구분하기도 합니다.

가상화폐 중에는 현재까지 비트코인BitCoin이 가장 유명하다
고 할 수 있는데요. 비트코인이 가상화폐를 먼저 시작한 것은
아니었습니다. 이전부터 가상화폐는 있어 왔고 사용되어 왔으
며 지금도 계속해서 생겨나기도 하죠.

가장 쉽게 접할 수 있었던 가상화폐는 게임 속에서였습니다. 어떤 아이템을 구매하거나 교환하기 위해서는 화폐가 필요하게 되었고 그 결과 게임 속에서 사용될 수 있는 가상화폐가 쓰이게 된 것입니다.

가상화폐를 게임 속에서 사용하기 위해서는 게임회사에 실제의 돈을 지불하고 가상화폐를 구매하였죠. 그러나 이 가상화폐들은 게임 속에서만 사용될 뿐입니다. 일상생활에서 이 가상화폐들을 이용하여 물건을 구매할 수가 없습니다. 물론, 게임하는 사람들끼리는 뒷거래가 일어나기도 한다고 합니다. 그렇지만 어디까지나 게임 속에서만 사용하기 위해서입니다.

그 외에 페이스북에서도 '크레딧'이라는 가상화폐를 시도하였고 카카오톡은 '초코'라는 가상화폐, 그리고 싸이월드에서는 '도토리'라는 가상화폐가 있습니다. 그러나 이들이 비트코인보다 유명하지 않은 이유는 온라인에서만 사용 가능하여 일상생활에서 사용할 수 있는 곳을 찾기 힘들었기 때문입니다.

그렇다면 가상화폐가 널리 퍼지기 위해서는 일상 생활속에서도 사용 가능해야 한다는 생각이 드는데요. 비트코인이 유명해지게 된 이유를 여기서 찾을 수가 있습니다. 많은 기업과 가게들이 비트코인이 안전하다고 생각하고 비트코인을 거래에 사용할 수 있도록 하면서 '비트코인을 사용할 수 있을까?'에서 '비트코인을 사용할 수 있네!'로 바뀐 것입니다.

▲ 가상화폐의 가능성은 실물 거래에서 사용할 수 있는가에 달려 있습니다

비트코인은 가상화폐 중에서 가장 이슈가 되고 있는 가상화폐로 2009년에 만들어진 이후로 많은 사람들이 사용하기를 원하는 것 중 하나입니다. 그 이유가 사용자 자신을 드러내지 않고도 사용할 수 있다는 점과 가상화폐지만 신뢰를 얻고 있다는 점 그리고 비트코인은 금광에서 누구나 금을 캐듯이 채굴 Mining이라는 작업을 통해 무료로 얻을 수 있다는 점도 사람들이 좋아하는 이유일 수 있습니다.

다음 절에서 자세히 설명하겠지만, 비트코인은 채굴될 수 있는 양이 정해져 있는데요. 사람들이 무한정 비트코인을 얻을 수 있다면 그 가치가 떨어질 것이라 생각하여 채굴될 수 있는 양을 미리 정해놓은 것입니다. 반면에, 채굴하려는 사람은 계속 늘어나게 되면서 채굴된 비트코인을 가져갈 수 있는 기회가 줄어들게 되었습니다. 그래서 사람들은 조금이라도 채굴을 잘 하기 위해 서로 힘을 합하는 모임도 생겨나게 되었는데요. 그러한 모임을 채굴연합Mining Pool이라고 부르며 채굴을 여러 사람들과 나눠서 하기 위한 모임입니다. 이러한 단체들은 이미 많이 생겨났기 때문에 온라인에서 쉽게 찾을 수 있는데요. 검색 사이트에서 'Mining Pool'이라고 하면 쉽게 찾을 수 있습니다.

비트코인은 인터넷 기반으로 동작하는 가상화폐이며 각 개인이 거래의 주체자가 됩니다. 즉, 개인끼리 돈을 주고 받는 구조라고 할 수 있죠. 그런데 이러한 거래를 위해서는 서로를 믿을 수 있는 장치가 필요할 것입니다. 누군가에 의해서 보장되어야만 사람들이 돈을 보내기도 하고 받기도 할 것이기 때문입니다.

그러나 비트코인은 은행과 같이 중간에서 챙겨주는 주체가 없습니다. 그래서 누가 이 화폐에 대해서 보장을 해주느냐라고 생각할 수 있는데요. 이러한 해답은 비트코인 자체의 구조에서 찾을 수 있습니다. 자세한 내용은 기술적인 설명을 포함하고 있어서 다음 절에서 설명하겠습니다.

비트코인은 개인간에 거래를 한다는 이유로 생기는 장점이 있지만, 반대로 단점도 존재합니다. 개인간에 거래를 해야 하기 때문에 비트코인을 보관하기 위한 비밀키를 스스로 잘 보관해야 하는 책임도 가집니다.

한번 만들어진 비트코인은 가상으로 만들어진 것이지만 소유자에 대한 정보가 적혀있기 때문에 이 정보를 잃어버리면 사용하지 못하게 될 것입니다. 그래서 백업과 같은 일도 해야 하는 것인데요. 예를 들어, 은행에 통장을 만들 때 도장이나 서명을 사용하게 되어 있습니다. 이 도장과 서명은 돈을 찾을 때 사용하게 되는데요. 같은 도장을 가지고 있거나 같은 서명을 할 수 있어야만 돈을 찾을 수가 있죠. 마찬가지로, 비트코인 소유자의 이름은 내것으로 되어 있는데 비트코인에 사용된 서명을 똑같이 만들지 못한다면 내것이라는 것을 증명할 방법이 없는 것과 같습니다.

비트코인에 대해서 환영하는 사람들이 많은 것이 사실이지만, 모든 사람들이 환영하고 있지는 않습니다. 해킹의 우려, 가치의 하락을 걱정하고 있으며 실제로 그러한 사건이 발생하기도 하였습니다. 비트코인과 현금의 최대 거래소였던 마운트 곡스^{Mt.Gox}가 해킹을 당한 사건[03]이 바로 그러한 우려인데요. 그로 인해 마운트 곡스는 파산을 신청하기에 이르렀으며 비트코인의 거래가격이 떨어지기도 했었습니다. 그러나 이 사건은 비트코인이 사라지게 만들지는 못하였고 가격 하락으로 끝나게 되었습니다. 그래도 얼마 지나지 않아서 비트코인은 다시 오르게 되었고 계속적으로 유지하고 있는 상태입니다.

현재는 비트코인을 가장 활발히 거래하는 곳은 중국입니다. 중국의 부자들이 거래기록이 남지도 않고 가격이 오를 것으로 생각하여 투자를 하고 있다고 하는데요. 중국의 비트코인 거래소인 'BTC China'가 현재는 세계적으로 가장 큰 거래소가 되었습니다.

비트코인은 해킹 사건이 발생하였음에도 계속 유지가 되

---

03 현재(2014년 4월)까지 결론이 나지 않은 사건이지만 실질적인 해킹보다 경영상의 문제로 생각하는 사람들도 있음

고 많은 사람들의 지지를 받는 이유가 몇가지 있습니다.

첫째로, 전세계적으로 거래가 자유롭다는 것입니다. 만약에 한국에서 미국의 온라인 가게에서 물건을 구매할 경우 신용카드를 사용하는 방법이 유일한 방법일 것입니다. 그러나 신용카드를 사용하기 위해서는 카드회사에 높은 수수료를 지불해야 하는데요. 마찬가지로 외국에 여행가서 오프라인으로 물건을 구매한다고 하여도 외화로 바꿀 때 환전수수료를 많이 내야합니다. 그러나 비트코인을 사용하게 되면 은행과 같이 중개하는 일이 없기 때문에 수수료가 굉장히 적습니다. 없는 것이 아니라 굉장히 적은 이유는 다음 절에서 알 수 있습니다.

두번째 장점으로, 거래에 대한 투명성과 익명성을 들 수 있습니다. 어떻게 투명성과 익명성이 동시에 될 수 있는지 이상하게 느낄 것이라 생각하는데요. 여기서 말하는 투명성은 거래에 대해 투명하다는 것으로 이전에는 어떤 거래가 있었는지 알 수 있고 그 거래들이 잘 성립되었는지도 알 수 있습니다. 그리고 익명성은 사회에서 사용되는 이름이 아닌 '1XDBa245BDf2291DDa9xY' 등과 같은 이상한 문자를 대신 사용하기 때문에 거래자 간에는 상대방이 누군지 알 수 없다는 것입니다.

세번째 장점으로, 시간이 지날수록 그리고 이용자가 많아질수록 보안이 강화된다는 것입니다. 이 부분은 어려울 수 있어 이번 절에서는 간단히 설명해야 될 것 같은데요. 비트코인은 구조상 이전 거래들과 현재의 거래 그리고 미래의 거래들이 모두 연결되어 있습니다. 그래서 해킹을 하려면 거래내역을 조작하는 일이 필요한데 이 일이 쉽지 않을뿐더러 과거의 모든 거래내역들도 바꿔야 하므로 시간이 지날수록 어려워진다는 것입니다.

비트코인은 좋은 장점들을 많이 가지고 있습니다. 그러나 장점이 곧 단점이 되기도 합니다.

첫째로 전세계적으로 사용이 가능하다는 점은 각 나라의 정부가 펼치고 있는 통화정책 즉, 돈의 흐름을 파악하여 조절하는 힘이 약해진다는 것입니다. 정부는 돈의 흐름을 조절하여 경제를 성장시키고 물가를 안정시키려 노력하는데 가상화폐가 일상 생활에서 사용가능한 돈이 된다면, 정부가 지금과는 다른 조절 방법을 찾아야 하기 때문입니다.

두번째로 익명성은 범죄에 이용될 수 있다는 것입니다. 비트코인이 최초에 가장 활발히 사용된 곳은 범죄집단이었습니다. 익명성을 이용하여 마약거래와 총기류를 거래하고 인터넷 도박을 즐기는 사람들이 생겨났는데요. 실예로, '실크로드'라는 사이트가 운영되면서 비트코인을 사용한 거래가 많이 생겨났습니다. 그에 따라 미국 정부는 심각성을 고려하여 사이트를 폐쇄시키고 운영자를 구속하는 한편, 39억원어치의 비트코인들을 압수한 사건[04]이 있었습니다.

이런 일은 시간이 갈수록, 그리고 비트코인의 신뢰와 가치가 올라갈수록 더 많아질 수 있습니다. 그래서 각국 정부도 이미 대응을 준비할 것으로 보이는데요. 그 중에 한 가지가 비트코인이 현금화 되는 비트코인 거래소의 거래를 제한하고 감시

---

04 연합뉴스 : http://2url.kr/avrC

하는 일이며 미국과 영국이 이를 준비 중이라고 합니다.

세번째로 보안성에 관한 부분인데요. 사실, 지금까지는 전혀 문제가 없을 것으로 보입니다. 그러나 해킹이란 누군가에 의해 언젠가는 풀려질 부분이기도 합니다. 비트코인 자체시스템으로는 문제가 없다고 하더라도 그외에 연결된 시스템에서 문제가 발생할 수도 있죠. 그리고 보안성이 강한 이유로 PC에 보관되어 있던 비트코인이 실수로 인해 지워진다면 다시 복구하기가 힘듭니다. 그래서 비트코인을 잃어버리는 일도 생길 수가 있기 때문에 개인이 신경써서 백업과 같은 일을 병행해야 합니다.

비트코인은 아직까지 기대반, 우려반으로 사용되는 화폐입니다. 그러나 각국 정부에 의해서 관리되는 화폐보다는 낮은 수수료와 익명성을 보장한다는 이유로 떠오르고 있는 것이 현재까지의 분위기죠. 비트코인의 등장으로 사람들이 원하는 것이 무엇인지는 뚜렷해졌기 때문에 비트코인이 정부에 의해서 통제되기 시작하면 새로운 가상화폐가 생겨날 것임은 분명해 보입니다. 그리고 시간이 지날수록 더 나은 시스템이 되어가겠죠.

현재까지는 비트코인의 시스템이 잘 운영되고 있는 것으로 보고 있습니다. 그래서 새로운 가상화폐가 생겨나더라도 기술적인 부분은 비트코인의 것과 비슷하게 만들어지지 않을까 생각하는데요. 그렇다면 비트코인은 어떤 시스템을 가지고 운영되는지 그리고 사람들이 관심있어 하는 채굴은 어떻게 이루어지는 건지 알아두면 좋을 것이라 생각합니다. 그래서 다음 절에서 비트코인의 시스템을 이해하고 채굴하는 법에 대해서 준비해 봤습니다.

비트코인의 거래와 채굴

비트코인은 거래내역을 승인하거나 관리하는 주체가 없죠. 오로지 개인간의 거래를 보장하기 위해 존재하는데요. 개인간의 거래가 발생할 때 누군가는 이 거래가 정상임을 증명할 필요가 있기 때문에 특별한 작업이 필요하며 이를 '채굴'이라고 부릅니다.

사람들과 공유해서 사용할 수 있는 인터넷 장부

비트코인은 현재까지 발표된 가상화폐 중에 가장 많이 사용하고 있는 것이라고 할 수 있습니다. 가상화폐에는 비트코인BitCoin뿐만 아니라, 라이트코인LiteCoin, 캐나다 퀘벡에서는 퀘벡코인QuebecCoin, 스페인에서 발행하는 스페인코인SpainCoin 등의 화폐들도 있는데요. 지금 이시각에도 각 나라의 지역 또는 단체별로 계속해서 생겨나고 있지만 그 중에서 비트코인이 일상 생활에서 사용할 수 있는 곳이 많아 가장 유명합니다.

비트코인은 정부나 은행처럼 중앙에서 관리하는 주체가 없습니다. 오로지 인터넷에 연결된 네트워크 기반에서 각 개인이 자율적으로 운영하는 가상화폐입니다. 그리고 가상적으로 존재하는 것이어서 실체가 없지만, 현금으로 바꿀 수 있는 비트코인 거래소가 있으며 비트코인을 사용하여 물건으로 바꿀 수 있는 곳들이 계속해서 생겨나고 있습니다.

비트코인[05]은 2008년 사토시 나카모토Satoshi Nakamoto라는 익명의 사람 또는 그룹으로부터 기획되고 2009년 오픈소스 소프트웨어로 발표되었습니다. 사토시 나카모토라는 이름으로 시작된 프로젝트이지만, 실제의 인물을 찾지는 못하였고 직접 나서지도 않고 있어 베일에 가려진 사람 또는 그룹입니다. 단지, 일본인과 같은 이름을 사용하지만 문서에 사용된 단어들을 토대로 유럽에서 거주하는 사람으로 생각할 뿐이죠.

비트코인 시스템을 쉽게 생각하자면, 여러 사람들과 공유해서 사용할 수 있는 장부라고 생각할 수 있습니다. 이 장부는 인터넷에 공개되어 있어 누구나 볼 수 있게 만들어져 있고 사람들의 새로운 거래내역을 계속적으로 적어나가고 있는데요. 그래서 현재 사용되는 장부의 내역을 계속 따라가다보면 최초에 만들어진 비트코인의 장부도 확인할 수 있습니다.

비트코인은 장부에 거래내역을 계속 적어나가야 하고 사람들이 읽어볼 수 있어야 하므로 다른 사람들과 장부를 교환해가며 최신의 상태를 유지해야 합니다. 그러기 위해서 특별한 방법이 사용되는데요. 여러분은 비트

▲ 비트코인은 여러 사람과 공용으로 사용하는 장부가 있기 때문에 누구나 그 내역을 볼 수 있습니다

---

05 BitCoin wiki : https://en.bitcoin.it/wiki/Main_Page

토렌트BitTorrent라는 시스템을 들어 본 적이 있을 것이라 생각합니다. 인터넷으로 개인간에 자료를 주고 받을 때 많이 사용하는 시스템[06]인데요. 비트코인의 장부를 공유하는 방법에 관해 이해하려면 비트토렌트에서 파일을 주고 받는 방법을 이해할 필요가 있습니다. 그래서 비트토렌트에 대해서 잠깐 살펴보려고 합니다.

비트토렌트를 간단히 설명하자면, 내가 필요한 파일을 비트토렌트에 연결된 사람들로부터 검색하여 그 파일을 가지고 있는 사람들과 연결되는 방식입니다. 이렇게 검색된 사람들 중에는 내가 원하는 파일을 가지고 있는 사람이 한 사람이 아닐 가능성이 높은데요. 만약에 한 사람에게서만 파일을 받아온다면, 파일을 보내주는 사람은 인터넷이 느려지는 것과 같은 부담을 가지게 됩니다. 그래서 비트토렌트는 여러 사람들로부터 필요한 부분을 나눠서 가져오는 방식을 사용하여 서로의 부담을 줄여 주는데요. 비트토렌트에 연결되어 있는 사람들이 서로 파일을 나눠주고 여러 사람으로부터 받아올 수 있다면, 그 파일을 받는 사람은 속도도 빠를뿐더러 동시에 여러 사람들에게 공유하는 효과도 가질 수 있습니다.

지금까지 설명한 내용을 짧은 이야기로 풀어보면 이렇습니다.

---

06 보통은 P2P(Peer To Peer)라고 부르며 개인 대 개인으로 정보를 교환하는 일을 말함

오늘 저녁 반찬은 생선이 먹고 싶어졌습니다. 그런데 생선을 살 돈이 없어서 친구들에게 생선을 조금씩 얻어오기로 합니다.

친구 A한테는 생선의 머리를, 친구 B한테는 생선의 꼬리를, 그리고 친구 C, 친구 D, 친구 E한테서 생선의 몸통을 조금씩 가져다 달라고 합니다. 그러면 오늘 저녁 반찬에 필요한 생선 한마리는 쉽고 빠르게 얻을 수 있을뿐더러 친구들은 생선의 일부를 주는 것이므로 큰 부담도 없습니다.

비트코인은 서로 공유할 수 있는 장부를 사용한다고 하였습니다. 이 장부는 사실 PC에 저장할 수 있는 파일의 형태인데요. 이 파일을 **블록체인**Block Chain이라고 부릅니다.

블록체인은 공용장부여서 지금까지의 모든 거래내역을 담고 있으므로 커질 수밖에 없습니다. 그리고 시간이 지날수록 더 커지겠죠. 그런데 블록체인은 모든 사람이 볼 수 있어야 하고 공유되어야 하는데요. 그래서 이 파일을 서로 주고받기 위해 비트토렌트와 같은 방법을 사용하는 것입니다.

만약에 이렇게 큰 용량의 블록체인 파일을 한 사람으로부터 받아야 한다면 그 사람은 부담을 많이 가지게 되겠죠. 게다가 다른 사람들과 공유하는 것이 쉽지 않을 텐데요. 그 이유로 속도 문제도 있을 것이고 다른 문제로 인해서 공유가 중단될 수도 있기 때문입니다.

▲ 비트코인의 공용장부는 파일 사이즈가 크기 때문에 여러 사람들로 부터 나눠서 받게 되어 있습니다

그래서 비트코인은 비트토렌트와 같은 방식을 사용하여 블록체인 파일을 여러 조각으로 나누어 사람들에게 공유하기도 하고 받아올 수 있는 구조를 가지는 것입니다.

블록체인에는 과거의 거래내역과 최근의 거래내역을 포함한다고 하였습니다. 비트코인은 정부나 회사에 속하지 않는 개인간에 거래를 위한 가상화폐인데 어떻게 거래내역이 저장되는지 그리고 누구에 의해서 저장되는지 궁금하실텐데요. 그러기 위해서는 거래가 어떻게 이루어지는지부터 살펴 볼 필요가 있습니다.

비트코인의 거래 알고리즘

은행에서 다른 사람과 거래를 할 때는 상대방의 이름과 계좌번호를 알아야 합니다. 그래야 내가 돈을 보내려는 쪽의 신분이 확인되고 그 신분은 은행에서 보장하기 때문인데요. 은행이 그러한 보장을 제공하기 위해 신분증을 요구하고 계좌번호를 생성해준 후에 관리하기 위해서 일정 금액의 수수료를 받는 것입니다.

그러나 비트코인은 익명성을 보장하기 위한 구조로 되어 있다고 설명한 적이 있습니다. 그러기 위해서 실제의 이름과 계좌번호를 사용하지 않습니다. 그래서 비트코인에서는 은행과 유사한 지갑^{Wallet}과 계좌번호와 비슷한 용도의 주소^{Address}를 사용하고 있습니다.

지갑은 은행의 역할을 한다고 볼 수 있습니다. 실제 은행에서는 신분증을 가지고 가서 통장을 만들어야만 그 은행에 속해있는 계좌번호를 가질 수 있습니다. 그러나 비트코인에서는 은행의 역할을 하는 '지갑'이 자신의 소유입니다. 그래서 자신이 필요할 때마다 계좌번호를 쉽게 만들 수 있도록 제공하는데요. 이때 만들어지는 계좌번호를 주소라고 부르면, 실제의 계좌번호가 은행에 속해있는 것처럼 하나의 지갑에 속해 있으며 하나의 지갑은 여러 개의 주소를 만들 수 있습니다.

그러나 새로운 지갑을 가지게 되면 주소를 생성하는 주체가 달라지는 것이어서 이전 지갑이 만들어 놓은 주소는 사용할 수가 없다는 점을 주의해야 합니다.

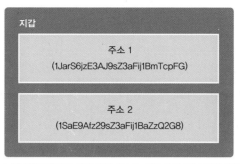

▲ 하나의 지갑으로 여러 개의 주소를 만들 수가 있어 여러 개의 통장을 가지는 효과를 가집니다

지갑이 생성한 계좌번호는 '1JArS6jzE3AJ9sZ3aFij1BmTcp FGgN86hA'와 같이 '1' 또는 '3'으로 시작하는 글자를 임의적으로 생성하게 되며 27~34의 길이를 가지고 있습니다. 그래서 지갑이나 주소만 가지고는 어디에서도 소유자의 실제 이름을 찾을 수가 없기 때문에 '익명성이 있다'라고 이야기합니다.

지금까지 비트코인 거래를 위한 지갑과 주소에 관해서 알아보았습니다. 이젠 비트코인 거래 시스템에 관해서 알아볼 차례인데요. 비트코인 거래는 물품보관함을 이용하는 것과 같다고 할 수 있습니다.

지하철이나 백화점에는 물품을 임시로 보관할 수 있는 물품보관함이 있습니다. 물품보관함은 비밀번호를 알거나 열쇠만 있으면 누구나 사물함을 열어볼 수 있는데요. 지갑은 이러한 물품보관함들이 모여있는 장소로 생각할 수 있습니다. 그리고 물품보관함의 번호는 거래를 위한 주소로 생각할 수 있는데요.

만약에 어떤 사람과 거래를 하려면, 우선적으로 거래하려는 상대방 보관함의 번호와 비밀번호가 필요합니다. 그래야만 열어서 비트코인을 넣어줄 수가 있겠죠? 그런데 비트코인은 실체가 없는 가상화폐이기 때문에 이를 대신하여 영수증과 같은 증명서가 사용됩니다. 이 증명서에 비트코인의 소유자가 바뀌었다는 내용을 적고 이를 증명하기 위해 서명을 하게 되는데요. 서명을 한다는 의미는 바뀌게 될 소유자의 도장을 사용하여 증명서에 찍어주는 것과 같습니다. 그래서 더 이상 내것이 아니라는 것을 알립니다.

그래서 비트코인을 사용하려는 사람은 최종 소유자가 자신이고 사용 가능한 비트코인의 금액이 적혀있으며 증명서에 자신이 가지고 있는 도장까지 찍혀 있어야만 적혀있는 액수만큼을 사용할 수 있습니다. 그리고 새로운 거래를 할 때는 그 이전의 소유자가 그러했듯이 소유자의 이름을 변경하고 도장을 찍는 것으로 소유권을 넘길 수가 있습니다.

비트코인은 과거의 거래내역들이 적혀있다고 말씀드렸었습니다. 그래서 이야기 속의 영수증에는 과거부터 소유자가 변경된 내역이 적혀있을 것입니다. 이전 소유자가 내가 거래하려던 사람이었고 마지막의 소유자가 '나'로 되어 있다는 것과 그 이전 또는 그 이전의 소유자까지 모두 확인할 수 있을 것입니다. 이를 통해서 비트코인이 정상적인 것인지 사용 불가능한 것인지 또한 알 수 있죠.

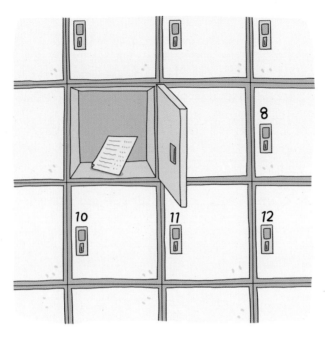

▲ 비트코인의 거래는 지하철의 물품보관함을 이용하는 것과 같습니다. 거래를 하려는 사람이 원하는 곳에 거래를 증명하는 영수증을 넣어주는 것입니다

　　비트코인을 주고 받는 거래는 앞서 말씀드린 영수증과 같아서 비트코인을 소유할 사람의 주소를 적어 서명을 한다고 하였습니다. 그리고 비트코인을 거래했던 내역은 모든 사람들과 공유한다고 하였는데요. 그래서 이야기 속의 서명된 영수증을 인터넷에 공개하여 다른 사람들이 볼 수 있게 해야 합니다. 그 이유는 차차 설명드리겠지만, 이 거래가 정상적이라는 점을 인정받기 위함입니다.

비트코인은 자율적으로 운영되는 것이어서 인터넷에 공개하지 않고 개인끼리 서명된 영수증을 주고 받을 수도 있겠죠? 그렇게 되면 거래하는 사람이 악의적으로 또 다른 사람에게 서명해서 보내는 일도 생길 수 있습니다. 서명된 영수증을 공개하는 이유가 이러한 일들을 방지하기 위한 것이라고 볼 수 있습니다.

지금까지의 내용을 정리하여 비트코인에 적용해 보면, 공용장부(블록체인)는 인터넷에 공개되어 있는 파일입니다. 이 파일은 인터넷상으로 공유되는 파일이며 개인들의 거래내역이 포함되어 있습니다. 개인간에 이뤄지는 거래는 비트코인의 소유자를 변경하는 것으로 볼 수 있으며 소유자를 변경하기 위해서는 상대방의 주소를 적고 서명한 뒤에 인터넷에 공개하는 것입니다.

인터넷에 공개하는 이유는 서명된 비트코인이 정상적이라는 것을 인정받기 위함이며, 이는 채굴자들에 의해서 인정됩니다. 채굴자들은 새롭게 공개된 거래들을 모아서 검사하고 블록체인에 기록한 후에 블록체인을 다시 인터넷에 공유하면서 공식화하는 것입니다.

▲ 비트코인은 개인간의 거래에서 사용된 영수증이 채굴자에 의해 모아진 후에 블록체인에 기록되어야만 정상으로 인정됩니다.

채굴과 채굴자

지금까지는 비트코인을 거래하는 방법과 블록체인에 기록하여 공유되는 이야기를 했습니다. 그래서 지갑과 주소가 어떻게 비트코인이 운영되도록 하는지 설명하였는데요. 그 중에서 설명을 하지 않았던 부분은 채굴과 관련된 내용이었습니다. 이 부분을 지금부터 설명하려고 하는데요.

채굴자Miner는 채굴을 하는 사람들을 말합니다. 채굴자들은 거래내역을 추가하고 검증하는 일뿐만 아니라 비트코인의 보안성을 유지하는 역할도 함께 하게 되는데요. 그렇기 때문에 노력의 결과로 채굴하는 사람들에게 비트코인으로 보상을 해주는 것입니다.

이들을 이해하기 위해서는 우선적으로 채굴Mining이라는 작업이 어떤 것인지부터 알아야 할 것입니다. 채굴은 금광에서 금을 캐기 위해 열심히 땅을 파는 것과 같은 의미로 사용됩니다. 대신 금이 아니라 비트코인이 되는 것이고 열심히 땅을 파는 행동은 암호를 푸는 행동입니다.

비트코인을 사용하려는 사람들은 인터넷을 통해서 비트코인 네트워크에 연결됩니다. 비트코인 네트워크에는 앞서 언급한 것처럼 거래를 하려는 사람들이 공개한 거래내역들이 돌아다니는데요. 비트코인은 거래내역들이 적혀있는 블록체인을 공유하는 것이므로 누군가가 나서서 기록해야 할 것입니다.

그런데 비트코인은 거래내역을 승인하거나 관리하는 주체가 없죠. 오로지 개인간의 거래를 보장하기 위해 존재하는데요. 개인간의 거래가 발생할 때 누군가는 이 거래가 정상임을 증명할 필요가 있기 때문에 특별한 작업이 필요하며 이를 채굴이라고 부릅니다.

채굴은 금광에서 금을 모으듯이 비트코인 네트워크에서 발생하는 새로운 거래내역들을 모으는 것으로 시작됩니다. 이때 잘못된 거래들은 걸러내면서 모으게 되죠. 그러면서 암호코드라는 것을 기다리게 되는데요. 그 암호코드에는 암호코드가 생성된 시간과 이전의 암호코드가 생성된 시간을 알 수 있는 고리가 들어 있으며 비트코인의 시간 서버(시간정보가 찍혀있어서 타임스탬프TimeStamp라고 부릅니다)에 의해서 발생됩니다.

암호코드를 기다리는 이유는 블록체인이 공식적으로 유용한 것임을 증명할 때 사용되기 때문입니다. 블록체인은 거래내역과 함께 이 암호코드를 동봉하도록 되어 있는데요. 앞서 말씀드린 것처럼, 암호코드를 풀어보면 이전의 암호코드와 연결되는 고리가 있기 때문에 이전의 암호코드와 비교하여 정상적으로 연결된 것인지도 알 수 있습니다.

만약에 이 연결고리를 확인해서 이전 블록체인의 암호코드가 정상적이지 않은 것으로 나온다면 잘못된 블록체인으로 여겨지게 되고 무시되도록 만들어져 있습니다. 그래서 서로 연결된 고리를 확인하는 것만으로 정상적인 블록체인이 맞는지 확인할 수가 있는 것인데요. 그런 이유로 블록체인을 하나만 해킹해서는 비트코인이 해커의 소유가 될 수 없는 것입니다.

앞서 말씀드린 채굴 즉, 암호코드를 푸는 사람을 가리켜 채굴자라고 부릅니다. 채굴자가 암호를 풀어내고 새로운 블록체인을 성공적으로 만들어 낸다면 그 보수로 일정 금액의 비트코인을 사용할 수 있게 되는데요.

채굴자는 암호를 푸는 일만 하지는 않습니다. 암호를 푸는 일은 새로운 블록체인을 이전의 블록체인에 연결하기 위한 작업이라고 하였는데요. 새로운 블록체인에는 각 개인들이 거래한 거래내역들이 포함되도록 해야 합니다. 그래야만 사람들의 거래내역들이 기록으로 남기 때문이죠. 만약에 채굴자들이 암호를 푸는 일에 집중하기 위해 거래내역을 수집하는 일을 소홀히 한다면 어떻게 될까요? 아마도 많은 거래들이 정상적으로 인정 받지 못해 비트코인의 신뢰를 잃어버릴 것입니다. 그래서 비트코인은 채굴자들이 암호를 푸는 일뿐만 아니라 거래내역을 수집하는 일도 열심히 할 수 있도록 모든 거래에는 약간의 수수료를 내게 되어 있습니다. 그래서 블록체인을 성공적으로 만든 채굴자는 암호를 풀어낸 보수뿐만 아니라 거래에 사용된 수수료도 모두 가질 수 있습니다. 이렇게 하여 채굴자들이 스스로 거래내역을 모으고 블록체인을 만들어 가도록 하는 것입니다.

▲ 채굴자들이 새로운 블록체인을 기존의 블록체인에 연결하기 위해서는 암호코드를 먼저 풀어내야만 합니다

비트코인은 가치를 유지하기 위해 무한정으로 채굴할 수 있는 것은 아닙니다. 채굴자들이 채굴에 의해 보상받는 비트코인은 최초에 시작할 때는 50BTC(비트코인)씩이었지만 4년마다 반씩 감소하게 만들어졌습니다. 그래서 2014년 현재는 25BTC가 암호를 풀어내면 지급되고 있는데요.

이대로 계속 시간이 흐르다보면 채굴자들이 받을 수 있는 비트코인은 적어질 수밖에 없을 것으로 보입니다. 그렇게 되면 채굴자들이 채굴에 의해 얻을 수 있는 비트코인의 양이 줄어들고 말겠죠? 하지만 앞서 얘기했듯이 비트코인은 암호를 푸는 것 외에 거래내역을 수집하여 수수료를 받을 수 있기 때문에 채굴되는 비트코인의 양이 없을 것이라고 걱정하지는 않는 것 같습니다.

비트코인을 채굴하는 사람들은 누구나 참여할 수 있으며 누구나 캐낼 수 있습니다. 그러나 암호화가 되어 있는 수준이 엄청난 계산량을 요구하기 때문에 일반컴퓨터나 장비로는 쉽지가 않은데요. 그래서 여러 사람들이 암호를 푸는 일을 나눠서 하기를 바랐고 그 결과로 채굴연합Mining Pool과 같은 그룹이 생겨났습니다. 채굴연합에 가입된 사람들은 암호를 풀기 위해 계산하는 양을 나눠서 작업하고 있으며 계산에 참여한 비율만큼 비트코인을 나눠 가질 수 있습니다.

지금까지의 채굴과 거래에 관련된 내용을 정리해 보겠습니다.

어떤 사람과 거래를 하기 위해서는 서로 주소를 알아야 한다고 했습니다. 그 주소를 이용하여 비트코인을 보내기도 하고 받기도 한다고 말씀드렸는데요. 만약에 A라는 사람이 B라는 사람에게 비트코인을 보낸다면 B라는 사람이 받기를 원하는 주소를 알고 있어야 합니다.

또한 A는 B라는 사람과 거래를 진행하기 위해서 증명서를 만들어야 합니다. 이 증명서에는 이전 주인이 누구였고 현재의 주인이 누구이며 이후의 주인이 누구인지 적혀 있는데요. 현재의 주인은 A이므로 A는 '이제부터 이 비트코인은 B라는 사람이 주인이다'라고 적은 뒤에 서명을 해서 인터넷에 공개하면 B가 비트코인의 주인이 되는 것입니다.

이제 인터넷에 공개를 했으니 공식적으로 인정받는 일이 남아 있는데요. 그래야만 실제로 B의 소유가 될 수 있기 때문입니다. 공식적으로 인정받는 일은 채굴자들이 이 증명서를 수집하고 이후에 블록체인에 저장되기만 하면 됩니다. 이렇게 완성된 블록체인은 10분마다 새롭게 연결되는데 그 이유는 블록체인에 포함될 암호코드가 10분마다 인터넷에 퍼지기 때문입니다.

비트코인은 실체가 없는 것임에도 많은 사람들에 의해서 쓰이기를 바라고 있습니다. 어떤 사람은 비트코인만으로 여행을 하기도 하구요. 어떤 사람은 비트코인으로 기부를 받기도 하죠. 어떤 형태가 되었든 가상화폐는 멀지 않은 미래에 더 활발히 사용될 것이라고 사람들은 이야기합니다. 그렇기 때문에 계속적으로 관심을 가지고 있어야 할 것인데요.

이번 장에서 얘기했던 내용들이 현재의 비트코인이든 앞으로 새로 생겨날 가상화폐든 그 운영방식을 이해하는 데 도움이 되었기를 바랍니다.

_참고문헌

가상화폐 : http://www.itworld.co.kr/techlibrary/84997

금리 : http://goo.gl/KamKmf

해시코드 : sha-256 해시함수에 대한 소스코드 활용 메뉴얼(한국인터넷진흥원)

비트코인 단위 : https://en.bitcoin.it/wiki/Units

수수료 : https://en.bitcoin.it/wiki/Transaction_fees

비트코인 주소 : https://en.bitcoin.it/wiki/Address

비트코인 프로토콜 분석 : http://goo.gl/8CY4Mi

_이미지 출처 및 저작권 관련

P. 16(화폐 사진) : CC 이미지 사용(http://pixabay.com/)

P. 22(금리 관련 사진) : http://goo.gl/tZmzis

P. 28(신용카드 사진): CC 이미지 사용(http://pixabay.com/)

이것이 알고 싶다

Q. 비트코인을 직접 한번 사용해보려고 합니다. 어떻게 할 수 있을까요?

A. 비트코인을 사용하기 위해서는 우선적으로 비트코인을 다룰 수 있는 프로그램이 필요합니다.

대표적으로, 멀티비트(https://multibit.org/)라는 오픈소스 프로그램이 있는데요. 사이트에 설명이 잘 되어 있으므로 다운로드 후에 쉽게 설치할 수 있습니다. 멀티비트 프로그램은 책의 본문에서 다루었던 '지갑'의 역할을 하는 프로그램인데요. 지갑은 여러 개의 주소를 만들 수가 있어서 필요할 때마다 주소를 생성할 수 있도록 되어 있습니다. 주소는 언제 사용하나구요? 주소는 은행의 계좌번호와 같은 역할을 하므로 비트코인을 주고 받을 때 사용됩니다.

▲ 한국의 비트코인 거래소 코빗, https://www.korbit.co.kr/

멀티비트 프로그램을 설치해서 지갑이 생겼으면 실제로 거래에 사용할 비트코인이 있어야겠죠? 그러기 위해서는 누군가로부터 비트코인을 받거나 비트코인을 구매해야 할 것입니다. 그 중에서 비트코인을 구매하는 방법은 증권 거래소와 같은 비트코인 거래소를 이용하는 방법이 있는데요. 한국의 대표적인 비트코인 거래소로는 코빗(https://www.korbit.co.kr/)이 있습니다. 이곳에서 비트코인을 구매한다는 것은 개래소의 비트코인을 내 지갑으로 옮긴다는 것입니다. 그래서 구매할 때는 내 계좌번호와 같은 정보가 필요하므로 내 지갑에서 만들어진 주소를 사용하는 것입니다.

Q. 비트코인의 총 규모는 얼마나 될까요? 예를 들어 달러 가치로 환산한다면? 그 규모는 한정적인 것인가요? 아니면 화폐처럼 무한정 늘어날 수 있는 건가요?

A. 비트코인은 2009년부터 시작되면서 한번에 채굴될 수 있는 양은 50BTC였습니다.

그러나 비트코인은 매 4년마다 그 양이 반으로 줄어들게 되어 있는데요. 2014년 현재는 한번에 25BTC를 채굴할 수 있습니다. 그리고 2014년 7월 현재 비트코인이 거래되는 금액은 1BTC당 580달러 가량 됩니다.

비트코인 위키에 따르면 2013년까지 총 발행된 양은 1200만 BTC라고 합니다. 무한정으로 비트코인이 발행되면 그 가치가 보존되지 못하기 때문에 총 발행한도를 2100만으로 정해 놓았는데요. 매 4년마다 채굴될 수 있는 양이 반으로 줄어들면 결국엔 2140년까지 발행이 가능합니다.

Q. 비트코인의 채굴자가 되고자 한다면 어떤 자격이 있어야 할까요?

A. 채굴자는 자격증이 필요하지 않습니다.

비트코인이 인기있는 이유 중 한 가지가 자유롭다는 점입니다. 누구나 비트코인을 가질 수 있고 어디서나 거래가 가능하다는 것인데요. 채굴자가 되는 것 또한 누구나 가능한 일입니다. 그런데 채굴은 가장 먼저 암호를 푸는 사람의 몫입니다. 그래서 경쟁률이 굉장히 높기도 하고 암호를 푸는 일 자체가 매우 어렵습니다.

그래도 사람들은 공짜라는 생각에 조금이라도 채굴을 잘하고 싶겠죠? 그래서 생겨난 방법이 여러 사람들의 힘을 합쳐서 암호를 푸는 모임 즉, 채굴을 하는 연합을 만드는 것이었습니다. 만약에 여러분도 채굴을 경험해 보고싶다면 공개소프트웨어인 채굴프로그램을 다운로드 받고 채굴연합에 가입하여 계정을 만들어서 시작해 보면 되는데요. 대표적인 채굴프로그램으로는 GUIMINER와 CGMINER가 있으며 채굴연합은 BitMinter와 Bitcoin CZ가 있습니다.

Q. 비트코인은 정부의 규제가 없다고 하였는데, 정부의 규제가 없는 화폐가 가능할까요? 세금이나 기타 국가의 기능과 관련된 여러 가지 제약 때문에 문제가 생기지는 않을까요?

A. 현재까지는 화폐 자체에 문제를 제기하지는 않습니다.

그렇지만 비트코인 거래소를 통해서 주식과 같이 사고 팔면서 수익이 생기게 되는데요. 미국은 이 수익에 대해서 세금을 부과한다고 합니다. 그래서 비트코인 거래에 영향을 미치지 않을까 걱정하는 사람들이 많았는데요. 미국에서 세금을 부과하겠다고 발표한 것이 2014년 3월이었으며 2014년 7월 현재까지 비트코인 거래가격에는 영향을 주지 않고 있습니다. 그래서 단정할 수는 없지만 해킹과 같이 비트코인의 신뢰성에 영향을 받지 않는다면 앞으로도 문제가 생기지는 않을 것으로 보입니다.

웨어러블 시대

_ 움직임을 기록하라 – 가속도 센서
_ 입는 컴퓨터 – 배터리와 런닝타임

움직임을 기록하라 - 가속도 센서

사람은 자면서 불편함이 느껴지거나 얕은 잠을 자면 많이 움직이게 되고 반면에 피곤하거나 다른 이유로 깊은 잠을 잘 때는 많이 움직이지 않는다고 합니다. 그래서 깊은 잠을 잤는지 그렇지 못하고 계속 뒤척였는지는 센서의 데이터로 확인할 수 있는 것입니다.

웨어러블, 뭐가 다른데?

새로운 한해가 시작되면 사람들이 몰리는 곳이 있습니다. 바로 헬스장 및 수영장 등 운동을 할 수 있는 곳이죠. 건강관리가 사람들의 한해 목표가 될 만큼 중요한 사항인가 봅니다. 또한 2014년 MWC[01]에서 우리나라 기업과 일본, 중국 기업 등이 웨어러블 제품들을 발표했는데요. 그 이전에는 CES[02]에서도 많은 웨어러블 제품들이 소개되었죠. 이 제품들의 공통적인 목표도 건강관리였습니다.

▲ 다양한 웨어러블 제품들

---

01 Mobile World Congress : 스페인에서 열리는 모바일 산업 박람회
02 Customer Electronic Service : 미국 소비자 가전 전시회

웨어러블Wearable 제품은 말 그대로 '입을 수 있는' 제품들입니다. 시계처럼 찰 수도 있고 자켓처럼 입을 수도 있으며 안경처럼 쓸 수도 있죠. 웨어러블 제품들은 건강관리를 할 수 있는 제품이 많은 게 사실이지만 그러한 제품만 있는 것은 아닙니다.

웨어러블 디바이스가 가장 많이 연구되었던 분야는 군사용 제품이었습니다. 컴퓨터의 힘을 빌리면 많은 정보를 처리할 수 있어 작전을 성공적으로 이끄는 데 큰 도움을 줄 것이라고 기대하였는데요. 그래서 컴퓨터의 힘을 전장에서 바로 사용할 수 있도록 가지고 다닐 수 있게 만들기 시작한 것입니다. 전시에 작전에 필요한 정보를 실시간으로 확인하거나 하늘에서 확인한 적의 위치를 전송받기도 하며 같은 팀과 멀리 있어도 의사소통이 가능하도록 도와주게 하였죠.

이러한 제품들은 기본적으로 웨어러블 디바이스를 표방하기 때문에 입을 수가 있고 가지고 다닐 수가 있지만 군사목적이라는 특수한 상황 때문에 튼튼하고 오래 쓸 수 있게 만들었는데요. 그 결과 웨어러블 디바이스는 맞지만 조금 무겁고 거추장스러운 모습을 가지게 된 것입니다. 그래서 일반인들이 사용하기에는 좀 무리가 있기 때문에 군사용의 디바이스를 닮았지만 작고 가벼운 제품들이 만들어지게 되었죠.

지금까지 발표되거나 판매되는 웨어러블 디바이스들의 형태로는 안경형, 옷, 반지형, 시계형, 밴드형, 이어폰형 등이 있는데요. 지금까지는 시계형과 밴드형의 디바이스가 대부분을 차지합니다.

대표적인 시계형 디바이스로는 스마트 시계Smart Watch가 있습니다. 스마트 시계 중에 2014년 현재까지 가장 점유율이 높은 제품으로는 삼성의 기어 시리즈가 있는데요. 미국 시장의 스마트 시계 제품 중 80%를 점유하고 있다고 하네요[03]. 그 외에 페블워치와 LG의 G워치가 있으며 모토롤라의 Moto360과 애플의 애플워치도 있습니다.

스마트 시계는 이름에서 알 수 있듯이 시계의 기능에 스마트를 더한 것입니다. 그래서 시계의 기능 외에 스마트폰과 연동되어 메시지를 확인하거나 SNS와 연동되기도 하고 직접 전화를 받을 수도 있죠. 그래서 요즘같이 커진 스마트폰을 직접 꺼내지 않고도 스마트 시계를 보는 것만으로 일정 부분을 해결할 수가 있는데요.

그런데 아직까지는 사용자가 많은 것은 아닙니다. 그 이유에 대해서 많은 사람들이 이야기하는 것 중에 한 가지가 디자인에 관한 것입니다. 시계가 스마트해져서 좋다고 말하지만 기존의 시계와는 다른 느낌을 주기 때문에 거부감을 느끼는 사람들이 있다는 것입니다.

이를 입증할 수 있는 한 가지 에피소드가 있었는데요. '안드로이드 웨어'를 발표하는 '구글 개발자 회의'에서였습니다[04]. 구글은 개발자 회의 이전에 LG와 모토롤라에서 안드로이드 웨

---

03 비즈니스포스트 : http://me2.do/GAO4feVV
04 안드로이드 웨어는 운영체제의 일종으로 이 장의 뒷부분에서 설명이 이어집니다.

어가 탑재된 제품을 출시한다고 밝힌 적이 있었는데요. 이후로 사람들은 일반 액세서리 시계와 같이 둥근 창의 LCD가 달린 스마트 시계가 나올 것으로 기대하고 있었죠.

그런데, LG와 모토롤라에서에서 발표될 제품들의 정보가 흘러나오기 시작하면서 사람들은 LG와 모토롤라의 제품에 대해 선호도가 갈리게 되었습니다. 그 이유는 디자인이었죠. LG는 기존의 스마트 시계와 같은 형태로 사각형 화면을 가진 반면에 모토롤라의 제품은 기존의 액세서리와 같은 모양으로 둥글게 준비하고 있었던 것입니다. 그리고 구글 개발자 회의 날에 삼성, LG가 제품을 공개하였는데 모토롤라의 제품은 아직 준비중이라는 말에 관객들은 실망감을 표현하였던 것입니다.

사실 대부분의 스마트 시계가 비슷한 기능들을 지원합니다. 그러다보니 사람들은 좀 더 예쁜 디자인을 선호하는 것이 아닐까 하는데요. 다행히도 대기업들도 이러한 문제점을 파악하고 대처를 해나가는 것으로 보입니다. 그래서 시계를 전문적으로 디자인하는 회사와 협업을 맺는 경우가 많아졌죠.

그렇지만, 디자인 외에도 한 가지 더 해결해야 할 문제가 있습니다. 바로, 스마트 시계를 얼마나 오랫동안 사용 가능한가입니다. 이번 장의 마지막에서 다룰 예정이지만, 배터리를 구동하는 제품이 가지는 한계가 있기 때문입니다.

많은 기능을 가진다는 것은 그만큼 많은 에너지를 필요로 하는 것이어서 배터리의 힘을 많이 쓰게 되는데요. 그래서 대부분의 스마트 시계들은 사용 가능한 시간이 1일~3일 정도밖에 되지 않습니다. 그러다보니 소비자들은 자주 충전해야 하고 이것이 생각보다 귀찮은 일이 된 것입니다.

웨어러블 제품에는 시계형 디바이스외에도 밴드형 디바이스가 있다고 말씀드렸습니다. 여기에는 FuelBand나 FitBit Flex 그리고 Shine과 같은 스마트 밴드 제품들이 있는데요. 스마트 시계가 시계의 기능에 전화의 기능을 일부 추가한 것이라고 하면, 스마트 밴드는 라이프 로거라는 기능에 특화된 제품들입니다[05].

▲ 라이프로거는 우리가 알기 힘든 데이터들을 모으는 기능을 가지고 있습니다. 이들을 이용하여 칼로리, 달린 거리, 운동 시간 등을 알려주죠

여러분은 건강 관리를 위한 운동을 한다면 무엇을 목표로 하나요? 보통은 원하는 만큼의 칼로리 소비, 운동 시간, 달리기 거리 등이 포함되지 않을까 생각합니다. 이러한 운동량은 눈으로 확인할 수 있는 것이 있는 반면에 얼마만큼의 칼로리를 소비했는지 그리고 언제 가장 많이 움직였는지와 같이 알기 힘든 정보도 있습니다.

05 Life Logger : 삶을 기록한다는 의미로서 운동량이나 심장박동 등의 건강관리용 정보를 저장하는 기능

라이프 로거는 이러한 운동량에 대해 저장하고 분석하는 기기입니다. 내가 얼마만큼 걸었는지, 잠은 어떻게 잤는지, 활동으로 인한 칼로리 소비는 얼마나 했는지 등을 기록하는 것입니다. 그리고 그 데이터들은 스마트폰과 연동되어 사용자가 알아보기 쉽게 그래프 등으로 제공하는 것이죠.

즉, 스마트 밴드는 건강관리에 사용될 수 있는 제품들이 대부분입니다. 요즘 나오는 스마트 밴드들은 단순히 로거의 기능을 벗어나 시계 및 알람 등도 제공하기도 하기 때문에 스마트 시계의 일부 기능을 담기도 합니다.

요즘의 스마트 밴드나 스마트 시계가 제공하는 시계 기능은 전자시계라는 제품이 이미 나와 있고 무선통신도 많은 제품들이 사용하고 있으므로 그렇게 신기하지 않습니다. 그리고 만보계와 같이 걸음수를 알 수 있는 제품도 이미 나와 있죠.

그런데 스마트 밴드는 이것들과는 분명히 다릅니다. 단순히 걸음의 수를 세는 게 아니라 뛰는 것과 걷는 것을 구분하고 수영할 때와 자전거 탈 때를 구분하며 잠은 잘 잤는지를 측정하기도 하죠.

가속도 센서 – 웨어러블의 핵심 기술

스마트 밴드가 기존의 제품들에 비해 운동량을 다양하게 측정할 수 있는 이유는 내부에 가속도 센서라고 불리는 센서가 있기 때문입니다. 가속도 센서는 요즘 출시되는 스마트폰에도 대부분 들어 있고 Wii와 같은 게임기에도 사용되었으며 스마트 티비의 리모콘, 내비게이션 등에도 사용되었습니다.

지금까지 그래왔지만 앞으로도 계속해서 가속도 센서를 이용한 기능들은 기본적으로 제공할 게 틀림없을 것으로 보이는데요. 그 이유로 가속도 센서는 구조상 사이즈도 작으면서 가격이 저렴하고 다양한 움직임을 측정할 수 있기 때문입니다. 그래서 제스쳐를 통해 기기를 조작하거나 운동량을 측정하는 등의 부가적인 서비스를 제공할 수 있게 되는 것입니다.

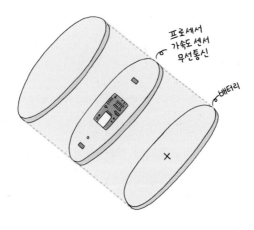

▲ 스마트 밴드의 핵심 기능은 가속도 센서에 의해서 구현됩니다

가속도 센서가 스마트 밴드의 핵심 부품이기도 하고 많은 곳에서 사용되기 때문에 작동 원리를 알아두면 좋을 것 같은데요. 빌 햄먹Bill Hammack 교수님은 자신의 사이트[06]에서 가속도 센서

06 http://www.engineerguy.com/elements/videos/video-accelerometer.htm

에 대해서 쉽게 설명하고 있습니다. 그 설명을 간추려보면 다음과 같습니다.

가속도 센서는 쇠구슬에 스프링을 연결한 것과 같은 구조를 가지고 있습니다. 스프링의 한쪽 끝에 쇠구슬을 연결하고 반대쪽 끝을 손으로 잡아당기면 쇠구슬이 스프링에 따라서 움직일 텐데요. 뉴턴의 관성의 법칙에 따르면 '정지해 있는 물체는 계속 정지해 있도록 만들고 움직이던 물체는 계속 움직이게 만드는 힘'이 있다고 합니다. 그래서 스프링의 한쪽 끝을 잡아끌면 쇠구슬은 가만히 있으려는 힘 때문에 스프링만 먼저 늘어나고 잠시 뒤에 쇠구슬이 따라오는 현상을 볼 수 있죠.

그런데 스프링이 늘어나는 양은 상태에 따라 달라질 수 있는데요. 가령 스프링을 빨리 잡아당기면 정지해 있으려는 쇠구슬 때문에 그만큼 많이 늘어나게 됩니다. 반대로 스프링을 천천히 잡아당기면 조금만 늘어난 상태를 가지게 되죠.

이러한 현상은 스프링을 잡아당기는 속도에 비례한다고 볼 수 있는데요. 결과만 놓고 보자면, 속도가 빨리 변하면 스프링이 많이 늘어나게 되고 속도의 변화가 적으면 스프링이 적게 늘어나게 됩니다. 그래서 스프링이 늘어나는 양은 속도가 변하는 양 즉, 가속도에 의해서 결정된다고 보는 것입니다.

이 원리를 이용하여 가속도를 측정하는 칩을 만들면, 가속도센서라고 부르는 칩이 됩니다. 센서라는 것은 데이터를 측정할 수 있는 부품을 의미하는데요. 그래서 가속도센서라고 하면 속도가 변하는 양 즉, 가속도를 측정하는 센서칩입니다.

요즘 나오는 가속도센서들은 앞서 언급한 예와 같이 한쪽 방향만 측정하지 않습니다. 보통은 3차원으로 즉, X Y Z 측면으로 모두 스프링이 연결된 것과 같이 세 방향을 모두 측정할 수 있는데요. 그 결과 프로세서는 가속도센서가 어느 방향으로 얼마나 움직였는지 입체적으로 판단할 수 있습니다.

* 프로세서

프로세서란 프로그램에 의해서 동작하는 칩을 뜻합니다. 보통 프로그램을 만든다고 하면 이러한 프로세서가 동작하도록 만드는 프로그램을 만드는 것을 말하는데요. 예를 들어 화면에 그림을 그리는 것도 프로세서가 담당하는 일이고 스마트폰에 터치했을 때 그 터치를 인식하여 앱을 실행시키는 일도 프로세서가 담당하는 일입니다. 이러한 동작들은 미리 만들어진 프로그램에 따라 결정되는 것이고 가속도센서의 데이터를 처리하는 일도 프로세서가 담당하는 일입니다.

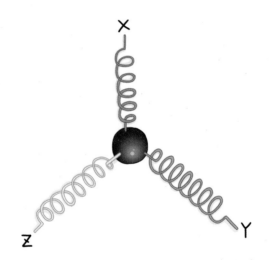

▲ 가속도 센서는 스프링이 달려있는 쇠구슬과 같은 구조를 가지고 있으며 스프링이 늘어난 길이만큼을 데이터로 인식합니다

프로세서가 가속도센서로부터 데이터를 얻으면 움직이는 방향과 움직이는 양을 얻을 수 있기 때문에 사용자가 어떤 동작을 하고 있는지 알 수 있습니다.

예를 들어, 밴드형 웨어러블 디바이스의 가속도센서는 사용자가 걸을 때는 움직이는 속도가 적으므로 가속도의 값 또한 적을 것입니다. 반면에 사용자가 뛰게 되면 속도가 증가하므로 가속도의 값 또한 커지게 되겠죠. 이 데이터를 프로세서가 인식할 수 있다면 현재 사용자가 걷고 있는지 뛰고 있는지 알 수 있는 것입니다.

이는 실제의 데이터를 측정해서 확인해보면서 이야기하면 이해가 쉬울 것으로 생각되는데요. 쉽게 이해할 수 있도록 실제 센서를 손목에 차고 걸을 때와 뛰어갈 때의 데이터를 측정해 봤습니다.

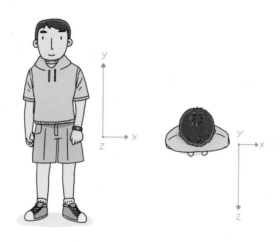

▲ 가속도센서의 데이터를 측정하기 위하여 착용한 모습입니다

먼저 걷는 상태를 측정해 봤는데요. 걷는 사람의 모습을 제삼자의 입장에서 살펴보면, 다리는 일정한 간격의 보폭을 유지하면서 앞으로 나아가는 것처럼 보일 것입니다. 그리고 팔은 앞뒤로 조금 흔들게 되겠죠. 이때 손목에 차고 있는 센서의 입장에서 살펴보면, X Y Z의 방향이 각각 달라서 센서의 데이터도 방향에 따라 달라질 것임을 예상할 수 있는데요.

도표를 보면, 걸으면서 센서의 X Y Z 데이터들을 측정해 봤을 때, 제일 아래의 X는 크게 변하지 않는 것을 볼 수 있습니다. 그 이유는 팔의 움직임으로 생각해보면 쉽게 알 수 있는데요. 팔은 앞뒤로는 많이 움직이지만 좌우로는 크게 움직이지 않는 것을 알 수 있습니다. 그 결과 X의 데이터가 크게 움직이지 않는 것입니다. 반면에 나머지 Y와 Z의 데이터는 많이 움직이는 것을 볼 수 있으며 이 데이터로부터 걸어갈 때 팔이 앞뒤로 많이 움직인다는 것을 알 수 있습니다.

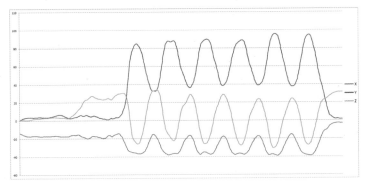

▲ 걷고 있을 때 센서의 데이터이며 한 걸음을 내딛을 때마다 봉우리와 같은 데이터가 만들어집니다

이번엔 달리기를 측정한 데이터인데요. 달리기는 걷는 것보다는 팔을 빨리 움직이게 되고 많은 움직임을 보입니다. 그래서 그래프가 걷는 것에 비해 활발히 움직이는데요. 이러한 데이터들을 분석하면 몇걸음을 걷고 있는지 얼마나 빨리 걷는지 등을 알 수 있기 때문에 칼로리 계산도 가능합니다.

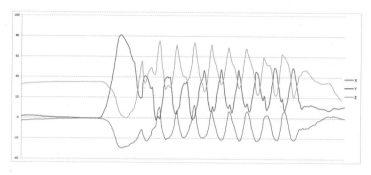

▲ 달리고 있을 때 센서의 데이터이며 걸을 때보다 봉우리가 빠르게 나타나는 것을 알 수 있습니다

예를 들어, 그래프에서 봉우리에 해당하는 데이터들은 팔이 가장 많이 움직일 때를 나타내기 때문에 한 걸음을 걸을 때마다 봉우리가 하나씩 나타난다는 것을 알 수 있습니다. 그래서 이 봉우리들이 1초에 몇번 나타나느냐를 세어 보면 달리는 속도도 구할 수 있는 것인데요. 그리고 몇걸음을 걸었는지도 알 수 있는 것이기 때문에 걷는 사람의 키를 알고 있다면 보폭도 구할 수가 있어서 걸어다닌 거리도 구할 수 있습니다.

또한 가속도 센서는 수면 분석에 사용될 수도 있습니다. 사람들은 다음날의 생활을 위해서 잠을 잘 자야 하는데요. 그래서 요즘 발표되는 웨어러블 디바이스들은 수면 분석 기능을 가지고 있습니다. 수면 분석은 사용자가 잘 때 얼마나 움직이는가를 분석하는 것이라 할 수 있습니다. 사람은 자면서 불편함이 느껴지거나 얕은 잠을 자면 많이 움직이게 되고 반면에 피곤하거나 다른 이유로 깊은 잠을 잘 때는 많이 움직이지 않는다고 합니다. 그래서 깊은 잠을 잤는지 그렇지 못하고 계속 뒤척였는지를 센서의 데이터로 확인할 수 있는 것입니다.

지금까지 설명했던 운동에 관한 분석은 아주 기본적인 부분을 가지고 한 설명입니다. 같은 데이터를 가지고 어떻게 분석하느냐에 따라 더 좋은 정보와 정확성을 가질 수 있는데요. 그래서 제품을 판매하는 회사들이 데이터 분석에 많은 연구를 하고 있습니다. 같은 하드웨어를 사용하더라도 소프트웨어에서 분석하는 기법에 차이가 있어 제품을 만드는 회사마다 결과의 차이가 생기는 것이기 때문입니다.

요즘의 센서들은 가속도만을 포함하지 않습니다. 센서 안에는 자이로센서, 나침반 등을 측정할 수 있는 기능들이 포함되는데요. 그래서 이전에 비해 많은 데이터를 더 얻을 수 있어 정확도를 높이고 있으며 데이터 분석을 통하여 많은 기능들을 구현하는 추세입니다.

입는 컴퓨터

깊은 잠을 몇시간 자는 게 좋은지에 관한 자료를 찾지는 못했지만, 깊은 잠을 3시간 이상 잔 날은 왠지 피곤함이 없는 것 같고 3시간이 안 되게 잔 날은 피곤함을 느끼는 것 같습니다. 그래서 오늘은 피곤할지 안 그럴지도 대충 짐작할 수 있죠.

웨어러블 디바이스

요즘 대세는 뭐니뭐니해도 웨어러블 디바이스 또는 웨어러블 컴퓨팅이라고 부르는 제품들입니다. 웨어러블 즉, '입을 수 있는' 컴퓨터라고 말하지만 입을 수 있다는 표현보다는 '착용 가능하다'는 표현이 더 어울릴 것 같은데요. 물론 진짜 옷처럼 입는 제품도 나왔지만 손목에 차거나 안경처럼 착용하는 제품이 더 많기 때문입니다.

입거나 착용할 수 있다는 건 어떤 점에서 장점이 있을까요? 가장 먼저 떠오르는 것은 항상 지니고 다닐 수가 있다는 것입니다. 손에 들고 있는 것이 아니라 입고 있으므로 손이 자유롭기도 합니다. 그렇다면 내가 애써서 기기를 찾을 필요 없이 항상 자유롭게 사용할 수도 있다는 뜻이죠.

웨어러블 디바이스가 가지고 다닐 수 있다는 장점을 가진다면, 어떤 기능들을 하기 위한 것인지도 알아야겠죠? 우리는 가정이나 사무실에서 컴퓨터를 많이 사용하고 있습니다. 컴퓨터는 자료를 검색하거나 자료를 만들 때 사용하죠.

구글에는 안경형 웨어러블 디바이스인 '구글글래스'가 있는데요. 구글글래스는 음성으로 조작하여 자료를 검색하거나 현재 보고있는 장면을 사진처럼 저장할 수도 있습니다. 이처럼 제한적이지만 웨어러블 디바이스는 컴퓨터의 중요한 기능도 할 수 있습니다.

웨어러블 디바이스이기 때문에 가지는 몇가지의 특징이 있습니다. 웨어러블 디바이스는 착용하거나 가지고 다니는 형태이므로 선이 없어야 하고 그로 인해 배터리로 구동되어야 합니다. 그리고 눈으로 데이터를 확인하기 위해서는 모니터와 같은 디스플레이 장치가 있어야 하죠. 때로는 LED와 같이 단순히 상태만 표시하고 자세한 데이터는 무선통신을 이용하여 핸드폰이나 컴퓨터로 확인할 수도 있습니다. 그리고 움직임이나 건강관리를 위해 여러가지 센서를 사용하기도 합니다.

▲ 일반적인 웨어러블 디바이스는 배터리, 무선통신, 그리고 LCD와 같은 디스플레이를 가지고 있습니다

필자는 웨어러블 디바이스 중 하나인 스마트밴드를 사용하고 있습니다. 아직까지 웨어러블 디바이스를 만져보지 못했거나 그에 대한 정보가 없는 분들을 위해 필자는 어떻게 사용하고 있는지 공유해보도록 하겠습니다. 이름은 샤인(Shine, 판매회사 : Misfit)이라는 제품이고 6개월정도 착용하고 생활중입니다.

▲ 제조사 사이트에서 발췌한 샤인의 모습

　시중에는 이미 많은 웨어러블 디바이스가 판매되고 있습니다. 그 중에서 이 제품을 선정한 이유는 배터리와 방수 기능 때문입니다. 웨어러블 디바이스는 착용하고 나서 불편함이 없어야 하는데 다른 제품은 방수 기능에 믿음이 안가고 배터리도 3~4일에 한 번씩 충전해야 하는 상황이죠. 그런데 샤인은 자동차 리모콘 키에 들어가는 코인 배터리만 넣으면 4~5개월은 충분히 사용하고 수영할 때 사용할 수 있을 정도로 방수 기능이 뛰어나 샤워할 때나 비가 올 때도 걱정이 없을 것 같았습니다. 이런 이유로 저는 샤인을 선택해서 사용하고 있는데요. 샤인은 손목에 착용하는 형태여서 항상 착용하고 있습니다. 그래서 착용한 상태로 잠을 잘 수 있고 잠에서 깨면 그 상태 그대로 샤워를 하러 갑니다. 그리고 출근할 때는 대중교통을 이용하기 때문에 지하철에서 샤인의 데이터를 확인합니다. 어젯밤에 내가 잠을 충분히 잤는지 확인하기 위해 아이폰을 켜서 샤인 앱을 실행시키면 아이폰과 샤인이 동기화를 시작하고 샤인의 데이터를 아이폰으로 가져옵니다.

데이터를 수신한 아이폰은 내가 잠을 몇 시간 잤는지 그리고 어제는 얼마나 걷고 내가 목표로 한 운동량을 얼마나 채웠는지 쉽게 알 수 있도록 그래프로 제공합니다. 수면 상태 분석에서는 내가 얼마나 깊은 잠을 잤는지도 알 수 있는데요. 깊은 잠을 몇 시간 자는 게 좋은지에 관한 자료를 찾지는 못했지만, 깊은 잠을 3시간 이상 잔 날은 왠지 피곤함이 없는 것 같고 3시간이 안 되게 잔 날은 피곤함을 느끼는 것 같습니다. 그래서 오늘은 피곤할지 안 그럴지도 대충 짐작할 수 있죠.

그리고 어제는 얼마나 운동을 했는지 알 수가 있는데요. 어제의 그래프를 보니 아침에 운동량이 활발하고 저녁에 운동량이 활발합니다. 그 운동량은 아침에 지하철역까지 걸은 것과 저녁에 퇴근하고 지하철역까지 걸은 것이네요. 그래도 어제는 목표량인 10,000보를 채웠다는 것에 만족하고 있습니다. 회사에서 지하철역까지 버스가 운행되어 걸어가지 않고 버스를 이용할 수도 있습니다. 하지만 매일 10,000보를 채우기 위해 필자는 지하철역까지 걸어 다니고 있습니다.

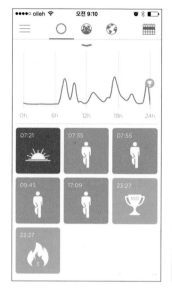

▲ 스마트폰으로 샤인이 제공하는 데이터를 쉽게 확인하고 있습니다.

샤인을 툭툭 하고 치면 현재 시간이 나타납니다. 그리고 이어서 하루의 목표 운동량 중에 몇 퍼센트 정도 달성했는지 보여주는데요. 오늘의 운동량이 부족하다고 생각되면 점심 시간에 산책을 하면서 나머지 할당량을 채우려고 노력하게 됩니다. 주변사람들이 "운동해라. 운동해라"하면 운동하게 되잖아요. 샤인이 저를 그렇게 만들고 있습니다. 그 외에도 내가 음식을 먹을 때마다 사진을 찍어 남길 수가 있습니다. 이 사진들은 운동량 그래프들과 함께 기록되고 있죠.

샤인에 대한 사용은 이러한 일들이 끝입니다. 필자를 운동하게 하고 얼마나 잤는지 체크하게 하고 무엇을 먹었는지 일기를 쓰도록 만들죠. 샤인은 단순히 건강관리용으로만 사용되고 있지만 충분히 만족하고 있습니다.

웨어러블 디바이스 제품들은 샤인과 같이 일상생활에서 활용되는 제품이지만 기존의 반지나 시계와 같이 액세서리의 형태가 많아서 거부감이 들지가 않습니다. 아무래도 착용에 불편함이 있다면 좋은 기능을 가지고 있다고 해도 그 불편함 때문에 사용하지 않을 수 있기 때문이겠죠. 그런 점에서 삼성의 스마트워치인 '기어'나 구글의 '구글글래스'가 기능적인 측면에서는 우수하지만 기존의 액세서리와는 동떨어진 디자인 때문에 실망을 나타내는 것 같습니다.

▲ 사람들은 웨어러블 디바이스를 하나의 장치이기보다 액세서리로 생각하는 경향이 있습니다

웨어러블은 벌써 포화상태?

웨어러블 디바이스 시장은 이미 포화되었다고 생각하는 스마트폰 시장에서 벗어나 다른 시장을 찾은 결과라고 볼 수 있습니다. 스마트폰 시장은 이미 하드웨어적으로는 모두들 비슷한 수준을 만들어 내기 때문에 소프트웨어와 디자인에서 승부를 내려고 하죠.

웨어러블 디바이스도 하드웨어적인 측면은 이미 비슷한 수준으로 만들어 내고 있습니다. 특히, 기업들은 스마트 시계 제품군을 많이 만들고 있는데요. 대부분의 스마트 시계들은 건강관리, 스마트폰을 대신한 알림 및 시계 기능 등을 가지고 있습니다. 그래서 기업들이 선택하는 차별화 전략은 "어떻게 하면 자연스럽게 착용하도록 만들 것이냐?"와 "어떻게 하면 다른 회사보다 예쁜 디자인으로 만들 것이냐?" 등입니다. 이를 위해서 디자인 전문회사나 기존의 액세서리 회사들과 협업을 하는 경우도 많아졌습니다.

소프트웨어적인 부분에서는 더 심각한 상태입니다. 스마트폰에서 확장된 스마트 시계를 보면, 애플은 애플 자신만의 운영체제가 있으나 다른 회사들은 구글에서 제작한 운영체제의 틀을 벗어나지 못하고 있죠. 모양은 다르지만 스마트 시계가 켜졌을 때 주는 기능과 그래픽은 비슷해 보입니다. 그 틀을 벗어나기 위해 삼성은 '타이젠'과 같은 운영체제를 선택하는가 하면, LG도 나름대로의 운영체제를 준비하고 있다는 이야기를 듣습니다. 그렇지만 소비자들의 반응을 잘 이끌어 낼 수 있을지 의문입니다.

스마트폰과 같은 복잡한 기능의 전자제품들은 각 기능들마다 소프트웨어가 필요합니다. 예를 들어 화면에 그림을 그리는 소프트웨어, 터치스크린을 위한 소프트웨어 그리고 전화 기능을 위한 소프트웨어 등 많은 소프트웨어들이 들어 있는데요. 기능들이 많아지면 많아질수록 소프트웨어가 복잡해지게 되는 것이고 통제가 어렵게 되는 것입니다. 그래서 시스템을 안정적으로 동작하게 만들고 관리 및 통제할 수 있는 소프트웨어를 제안하게 되었는데요. 이를 운영체제(OS, Operatin System)라고 부르며 스마트폰에서 실행되는 앱들을 포함하여 모든 소프트웨어들이 운영체제에 의해서 실행되기도 하고 동작을 멈추기도 합니다.

그런데 운영체제에 대해서 잘 생각해봐야 할 부분이 있습니다. 과연 웨어러블 디바이스들 중에는 '운영체제를 필요로 할 만큼 높은 성능의 하드웨어가 사용되어야 하는가?' 그리고 다양한 형태의 웨어러블 디바이스들에 대해서 '모두 만족하는 운영체제인가?'라는 것입니다.

일부 사람들이 다양한 기능을 요구하게 되면서 하드웨어 성능 또한 올라가고 있습니다. 그러면서 '타이젠'이나 '안드로이드 웨어'같은 운영체제를 필요로 하는 것인데요. 하지만 모든 사람들이 이러한 기능들을 요구하는 것은 아니라는 점을 알아야 합니다. 게다가 아무리 기능이 많아도 실질적으로 사용하는 기능들은 정해져 있다는 점도 중요하죠. 차라리 과감하게 잘 사용하지 않는 기능들은 빼고 꼭 필요한 기능들을 만들어내는 데 집중하면서 크기가 작고 배터리를 오래 쓸 수 있는 제품을 만드는 것이 더 좋지 않을까 생각합니다.

또한 웨어러블 디바이스들은 이제 시작 단계로 볼 수 있습니다. 그래서 여러 시도가 이루어지고 있는데요. 앞으로 발표될 웨어러블 디바이스는 어떤 형태가 될지 예측하기는 힘듭니다. 그 말은 어떤 형태든 만들어질 수 있다는 것이므로 모두 만족시키는 운영체제는 만들기 힘들다는 것이겠죠.

예를 들어, 지금의 샤인과 같이 단순히 운동량을 체크하고 스마트폰으로 데이터를 보내주는 기능만 가진다면 운영체제는 필요가 없습니다. 운영체제는 각 기능들을 쉽게 구현할 수 있게 도와주는 역할을 하지만, 그러한 역할을 위해서는 그만큼의 배터리를 더 사용해야 합니다. 그래서 샤인에 '안드로이드 웨어' 운영체제가 사용되었다면 아마 4~5개월 동안 사용할 수는 없을 것입니다.

만약에 '안드로이드 웨어'가 샤인과 같은 기능을 위해 단순한 기능들만 추가하고 오랫동안 배터리를 쓸 수 있게 최적화되었다고 해도 문제는 있습니다. 이 안드로이드 웨어가 다른 제품에 사용될 수 있느냐 하는 것이죠.

시계에 맞는 옷이에요   **저한테는 옷이 너무 커요**

▲ 안드로이드 웨어가 아무리 좋아도 모든 기기에 맞을 수는 없습니다

예를 들어, 현재의 안드로이드 웨어는 대표적으로 LG, 삼성 그리고 모토로라의 스마트 시계에 사용되고 있는데요. 샤인을 위해 안드로이드 웨어를 먼저 만들었다면, 안드로이드 웨어를 스마트 시계에 사용하기 위해서는 화면에 표시하는 기능, 터치 기능, 인터넷에 연결되는 기능 등이 추가되어야 할 것입니다. 그러면 기존에 최소한의 기능을 위주로 만들어진 안드로이드 웨어는 추가적인 기능들을 위해 덩치가 커져야 할 테고 스마트 시계만이 가질 수 있는 기능들을 조금 더 잘 동작하기 위해서는 다시 한번 최적화되어야 할 것입니다.

여기서 최적화 작업은 제품을 조금 더 원활하게 동작킬 수 있게 만들고 배터리를 오래 쓸 수 있도록 만들어 주는 것인데요. 그렇기 때문에 웨어러블 제품을 만드는 데 있어서 꼭 필요한 과정입니다. 이러한 부분들은 굉장히 손이 많이 가는 작업이고 프로그램을 처리하는 프로세서마다 달라지기 때문에 모든 제품에서 안드로이드 웨어를 쓰게 만드는 일은 불가능한 것이죠.

지금까지 말씀드렸던 이유들로 인해 안드로이드 웨어는 모든 웨어러블 디바이스 제품에 사용되기는 힘들 것으로 보는 것입니다. 대신에 현재의 스마트 시계에서 사용하는 대부분의 기능들을 사용하고 하드웨어가 크게 바뀌지 않는다면 제품을 만들 때 안드로이드 웨어로부터 많은 도움을 받을 수 있는데요. 예를 들어, 구글이 제공하는 스마트폰 연동 서비스나 그래픽 처리 또는 음성 인식과 같은 기능들을 쉽게 구현하여 사용할 수 있는 것입니다.

웨어러블 디바이스는 아주 작고 가벼우면서 핵심 기능만 가지고 있어도 된다고 생각합니다. 블루투스와 같은 무선통신이 잘 발달되어 있어서 스마트폰과 연동될 수 있기 때문인데요. 요즘의 스마트폰들은 좋은 성능과 기능들을 가지고 있어서 웨어러블 디바이스를 대신하여 자료를 처리하고 분석할 수 있는 능력이 됩니다. 그러므로 웨어러블 디바이스와 스마트폰이 연결될 수 있다면, 모든 데이터 처리를 스마트폰에게 맡길 수 있는 것이죠. 물론, 스마트폰을 다시 봐야 한다는 단점이 있지만 스마트폰에서 데이터를 처리할 수 있는 앱들이 많아지면 부가적인 기능들도 생겨날 수 있으므로 스마트폰의 기능이 확장되는 것으로 볼 수도 있습니다.

웨어러블 디바이스가 사소한 것이지만 꼭 필요한 기능에 초점이 맞춰져 있다면 만드는 데 필요한 자금도 적게 들 것입니다. 그러면 투자 금액이 크지 않아도 만들 수 있게 될 것이고 아이디어가 좋으면 쉽게 만들 수 있게 되겠죠. 그래서 대기업이 아닌 소기업에서도 충분히 만들 수 있게 될 것이며, 또한 많은 회사들이 제품을 만들 수 있다면 가격이 저렴한 제품도 많이 생겨나 일반인들은 좋은 제품들을 많이 만날 수 있을 것으로 봅니다.

배터리와 런닝타임

프로세서가 깨어날 때마다 샤인은 통신해야 될 핸드폰이 있는지 확인하여 있으면 데이터를 보내고 아니면 그냥 데이터만 모읍니다.

어떻게 하면 오래 쓰도록 할까?

요즘 제품들은 크기가 작아 항상 들고 다닐 수 있는 제품이 많습니다. 항상 지니고 다녀야 하니 배터리를 사용해야 하고 가벼워야 하며 오래 사용해야 될 필요성이 있습니다. 제품을 사용하는데 하루를 못넘겨 매일 충전해야 한다면 사람들이 번거로워 쓰지 않으려 할 것이기 때문이죠.

그래서 웨어러블 디바이스를 만드는 기업들은 '어떻게 하면 오래 쓰도록 할까?', '어떻게 하면 충전의 불편함을 없앨까?' 에 대해서 많은 연구를 하고 있습니다. 단순히 배터리를 큰 거 쓰면 되지 않느냐? 라고 생각할 수도 있지만 배터리가 커지면 그만큼 부피가 커져서 제품이 커져야 하고 무게가 더 나갈 수밖에 없습니다. 사람들은 오래 못쓰는 것 다음으로 무거운 것을 싫어하죠.

그래서 작고 가볍게 만들고 오래 쓰기 위해서는 배터리 기술이 필요한데요. 그러기 위해서는 배터리가 어떻게 동작하는지부터 알아야 배터리를 오래 쓰는 방법도 알 수 있을 것이라 생각합니다.

배터리는 전자들이 저장되어 있는 덩어리라고 이야기합니다. 그래서 연결만 하면 언제든지 꺼내 쓸 수가 있는데요. 배터리의 크기는 저장될 수 있는 전자의 양을 결정하기 때문에 사용 가능한 시간은 배터리의 크기에 비례하여 크기가 커질수록 오래 쓸 수 있습니다.

배터리에는 크게 두 극이 존재합니다. 여러분들이 잘 아는 음극(-)과 양극(+)인데요. 두 극은 성질이 많이 달라 서로 연결되면 한쪽에서 끌어들이는 힘이 생기게 됩니다. 즉, 양극이 음극의 전자들을 끌어들이려는 것이죠. 그래서 양극과 음극 사이에 전선과 같이 전자가 이동할 수 있는 통로를 만들어 주면 전선을 따라 전자들이 양극으로 이동하게 되는데요. 이때 이동하는 전자들을 이용하여 핸드폰과 같은 전자기기를 동작시킬 수 있습니다.

*전자기기
전자기기들이 동작하기 위해서는 전자들이 필요합니다. 화면을 표시하거나 LED에 불이 올 수 있는 이유는 이러한 전자들이 움직이기 때문인데요. 그 외의 전자기기 속의 부품들도 전자들이 있어야만 동작할 수 있습니다.

배터리의 구성은 외부적으로 두 극(양극(+), 음극(-))이 존재합니다. 정확하게는 내부의 두 극판에 각각 집전체가 외부로 드러난 것인데요. 우리가 배터리를 봤을 때 외부적으로 들어나 있는 부위가 집전체이며 이곳에 전자기기를 연결하여 사용하는 것입니다. 내부적으로는 전해질, 분리막 등으로 구성되어 있습니다. 전해질은 배터리가 전자를 내보내면서 발생하는 물질을 양극으로 이동할 수 있도록 돕는 역할을 하며 배터리의 외부케이스를 제외하고 내부적으로 배터리의 공간을 메우고 있습니다. 그리고 배터리 내부에는 두 극판이 있다고 하였습니다. 분리막은 배터리 내에서 두 극판이 맞닿지 않게 분리시키는 역할을 합니다. 분리막은 무조건 서로를 완전히 분리시키는 것은 아니며 두 극판 사이에 물질이 이동하는 통로를 위한 미세한 구멍들을 가지고 있습니다.

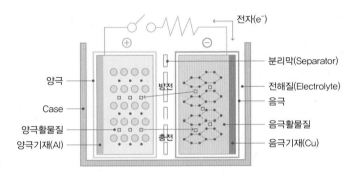

▲ 배터리는 양극에 서로 다른 화학물질이 들어있으며 이들을 분리하기 위한 분리막을 가지고 있습니다

배터리는 외부적으로 전자를 내보내는 것이고 내부적으로 화학물질이 이동하는 것입니다. 음극의 전자가 빠져나가면 내부의 화학물질이 분해되고 분해된 물질은 반대편의 화학물질과 결합하게 되어 있는데요. 그래서 배터리를 쉽게 이해하자면 전자를 화학물질과 결합시킨 상태로 음극에 저장해 둔 장치와 같다고 할 수 있습니다.

그렇다면 학교에서 배터리는 전자가 이동한다는 것을 배웠는데 내부적으로는 어떤 일이 일어나는지 궁금할 것 같은데요. 그러기 위해서 배터리의 음극과 양극 사이에 전선을 연결한 것으로 가정하고 한번 이야기해보겠습니다.

배터리가 충전되어 있다면 음극(-)에 있는 많은 전자들이 양극으로 이동할 준비가 되어 있는 상태입니다. 양극은 전자들을 끌어들이는 힘이 있기 때문에 두 극 사이에 전선이 연결되면 음극 속의 전자들을 끌어들이려 하겠죠. 이때 전자가 외부에 연결된 전선을 따라 양극으로 이동하면 내부적으로는 전자가 빠져 나가면서 음극을 이루는 화학물질이 분해됩니다. 이렇게 분해된 물질은 양극판이 있는 곳으로 이동하여 달라 붙게 됩니다.

실제의 배터리를 살펴보면 좋은 예가 될 것 같은데요. 요즘 모바일 기기에서 많이 사용하는 배터리는 리튬이온 배터리라는 것입니다. 우리나라 대기업인 삼성, LG, SK에서 배터리를 만들고 있는데요. 전세계의 60% 정도를 만들어 내고 있죠.

배터리를 만드는 업체 중 한곳인 삼성SDI 홈페이지에 가보면 배터리에 관한 정보를 얻을 수 있는데요. 이들이 생산하는 리튬이온 배터리의 내부에는 음극판으로 사용되는 흑연과 양극판으로 사용되는 리튬 혼합물질이 있습니다.[07] 그리고 그 사이에는 분리막이 존재하구요. 나머지 배터리의 내부 공간은 분해된 물질이 잘 이동할 수 있도록 전해질로 채워진 상태라고 합니다.

---

07 삼성SDI 참조

앞서 설명했듯이 배터리의 두 극에 전선을 연결하면, 배터리는 음극(-)에 저장되어 있던 전자를 내보내고 화학물질이 분해된다고 하였습니다. 그래서 리튬이온 배터리는 음극(-)에 저장되어 있던 전자가 빠져나가면서 리튬이 분리되어 나옵니다. 그러면 전자들은 전선을 타고 소모되거나 양극(+)으로 이동하고 분해된 리튬은 전선을 타고 이동하지 못하므로 배터리 내부의 전해질을 타고 양극(+)으로 이동하는데요. 이때 양극과 음극이 서로 맞닿지 않게 분리해주는 분리막의 작은 구멍을 통과해서 이동하는 것입니다.

리튬이온전지 작동 원리

▲ 리튬이온전지는 전자를 내주고 리튬이 이동하면서 동작합니다

배터리의 종류에는 재충전을 해서 다시 사용 가능한 것과 한 번밖에 사용하지 못하는 것이 있다는 것을 알 겁니다. 이는 내부에 사용된 화학물질과 관련이 있는데요.

배터리를 사용하면 전자를 내보내면서 내부적으로 리튬과 같은 물질이 분해된다고 하였습니다. 그리고 이렇게 분해된 물

질은 음극(-)에서 양극(+)으로 이동한다고 하였죠. 그렇다면 반대로 양극(+)에서 리튬을 다시 분리시키고 음극(-)으로 이동시키면서 전자도 같이 공급해 준다면 재사용이 가능하다는 말과 같습니다.

그래서 음극(-)에서 분리된 리튬이온처럼 양극(+)에 붙어 있다가 이를 다시 분리시켜 음극(-)으로 돌려보낼 수 없으면 1차전지, 다시 원래의 자리로 돌려보낼 수 있으면 2차전지라고 부르는데요. 즉, 1차전지는 충전기를 꽂아도 분리된 물질이 원래의 자리로 이동할 수 없는 전지(1회용 배터리)이고 2차전지는 충전기를 이용해서 분리된 물질이 원래의 자리로 돌아가도록 하여 다시 사용 가능한 배터리입니다.

그렇다면 화학반응에 의해 배터리가 전기에너지를 만들어 낼 수 있을 때, 어떤 이유로 분리된 물질이 돌아갈 수 있거나 돌아가지 못하는 것일까요? 그 이유를 간단히 살펴보면, 음극(-)에서 분리된 물질이 양극(+)에 달라붙는 힘에 따른다고 볼 수 있습니다.

그래서 1차전지는 전자를 내놓고 나면 양극(+)에 달라붙어 더 이상 떼어내지 못하는 물질로 되어 있구요. 2차전지는 그 힘이 약해 외부에서 음극(-)으로 전자가 모이면 양극(+)에서 떨어져 다시 전자와 붙을 수 있는 물질로 되어 있는 것입니다. 그렇기 때문에 배터리의 내부 화학물질만 보면, 1차전지인지 2차전지인지 알 수 있는 것입니다.

하지만 2차전지라고 해도 충전기를 이용해서 (리튬과 같은) 화학물질을 완벽히 돌려보낼 수는 없습니다. 충전과 방전을 많이 하면 양극(+)에 결합되었다가 다시 분리되는 힘이 많이 약해지기 때문인데요. 그래서 2차전지라고 해도 무한히 재충전할 수는 없고 오래 사용한 배터리는 시간이 지날수록 예전만큼 사용하지 못하는 것입니다.

▲ 1차전지는 한번 이동하면 다시 제자리로 돌아갈 수 없으며 2차전지는 다시 제자리로 돌아갈 수 있어 재사용이 가능한 전지입니다

　여러분들이 쉽게 만날 수 있는 1차전지로는 알카라인전지, 수은전지 그리고 순수리튬전지가 있습니다. 리모콘이나 시계에 많이 사용되는 배터리들이죠. 2차전지에는 리튬이온전지가 대표적이고 리튬폴리머전지가 최신 배터리라고 할 수 있습니다. 배터리의 이름들이 다른 이유는 내부에서 사용되는 극판과 전해질에 따라 붙여진 이름이기 때문입니다.

여러분이 배터리를 선택할 때는 얼마동안 사용할 수 있는지에 대한 정보를 알 필요가 있습니다. 용량이 크다고 무조건 오래 쓴다고 생각하지 말고 얼만큼의 용량이 있어서 난 얼만큼 사용 가능한지 알아두면 좋겠죠? 이는 배터리에 표시되어 있는 용량을 보면 알 수 있습니다.

보통은 '○○○mAh'와 같이 나와 있는데요. '200mAh'와 같은 식으로 말이죠. 여러분들이 가지고 있는 배터리들에도 이러한 표시가 있을 것이므로 직접 확인해 보기 바랍니다.

이 용량 표시는 200mA만큼의 전류를 계속적으로 사용한다면 1시간 동안 사용 가능하다는 것을 뜻합니다. '○○○mAh'에서 끝에 붙어있는 'h'의 의미가 1시간을 의미하는데요. 그리고 '○○○mA'는 사용 가능한 전류의 총량을 의미합니다.

예를 들어, 200mAh짜리 배터리를 100mA만큼의 전류로 계속 사용한다면 2시간동안 사용 가능하다는 말이죠. 단, 주의할 점이 있습니다. 200mAh 용량의 배터리라고 해서 200mAh를 계속 쓸 수는 없습니다. 배터리가 계속적으로 내놓을 수 있는 전자의 양은 제한적이기 때문에 그런 것인데요. 이는 배터리의 설명서를 보면 알 수 있습니다. 참고로, 동전 만한 크기의 코인 배터리는 설명서에 3mAh 정도가 계속적으로 공급 가능한 전류의 양이라고 나와 있습니다.

앞서 말씀드렸듯이 배터리의 용량은 배터리 내부의 극판(양극과 음극)의 크기와 비례하는데요. 그 극판이 커지면 그만큼 전자를 분리시킬 수 있는 양이 많아지는 것이므로 300mAh,

400mAh와 같이 늘어날 것이고 극판이 작아지면 100mAh, 50mAh와 같이 적은 용량을 가지게 됩니다. 그래서 사이즈가 작은 배터리가 용량이 적은 것입니다.

	AAA타입	AA타입	C타입	D타입	9V 사각타입
용량	1150mAH	2850mAH	7800mAH	15000mAH	550mAH
이미지					

▲ 건전지의 모습에 따라서 사용할 수 있는 용량과 전압이 달라집니다

샤인이 사용하는 배터리

지금까지 말씀드렸던 정보를 토대로 정해진 배터리의 용량 속에서 전자를 어떻게 사용하면 오래쓸 수 있는지 계산해보면 재미가 있는데요. 예를 들어, 필자가 사용하고 있는 샤인이라는 스마트 밴드를 가지고 계산해 보겠습니다.

이 제품은 배터리를 한 번만 바꿔주면 4개월 사용할 수 있습니다. 샤인이 사용하는 배터리는 코인 배터리인데요. 코인배터리는 200mAh짜리이므로 4달을 사용하려면 얼마만큼의 전류를 사용해야 하는 것일까요?

4개월을 시간으로 환산하면 '30일×4개월×24시간'입니다. 즉, '2,880시간'입니다. 코인 배터리는 200mAh라고 했으므로 200mAh는 1시간에 200mA를 사용할 수 있다는 뜻이죠. 2,880시간동안 200mAh짜리 배터리를 사용하려면 시간당 0.069mA(200 나누기 2,880)를 사용해야 합니다.

전자부품 중에는 불빛을 내는 LED라는 부품이 있습니다. LED에 불을 켜려면 5~10mA의 전류가 필요합니다. 그래서 샤인에 들어있는 LED를 단순히 켜기만 해도 이 정도의 전류가 사용되는데 1시간동안 0.069mA를 사용한다면 엄청나게 적은 양입니다.

게다가 샤인은 블루투스 통신을 사용하는데요(정확히는 Bluetooth Low Energy). 블루투스 통신을 하기 위해서는 전류의 양이 10~15mA정도 필요합니다. 샤인이 사용하는 전류를 계산할 때는 1시간당 0.069mA를 사용한다고 하였습니다. 그런데 블루투스 통신도 하고 LED도 켜진다면 어떻게 0.069mA라는 것이 가능할까요?

그 이유는 항상 전류를 사용하고 있는 것이 아니라 일정시간마다 전류를 사용하는 상태와 사용하지 않는 상태가 반복되기 때문입니다.

샤인은 평상시에 잠을 자고 있습니다. 보통은 '대기시간'이라고 이야기 하죠. 잠을 잘 때는 동작하지 않는 상태이고 이때 필요한 전류가 거의 0mA에 가깝습니다. 그런데 계속 잠만 잘 수는 없고 가끔씩 잠에서 깨어나 통신을 해야 하기도 하고 움직인 양을 측정하기도 해야겠죠? 그래서 최소한의 전류로 동작하는 시계[08]를 사용(0.01mA정도로 가정)하고 있습니다.

이 시계는 일정시간마다 자고 있는 프로세서를 깨워주는 역할을 합니다. 그러면 잠에서 깨어난 프로세서[09]는 통신을 하거나 데이터를 측정할 수 있습니다. 프로세서가 깨어날 때마다 샤인은 통신해야 될 핸드폰이 있는지 확인하고 있으면 통신, 없으면 그냥 데이터만 모으는 것입니다.

샤인은 이러한 과정을 통해서 대부분 0.01mA만 사용하고 잠시 통신을 위해 10mA~15mA를 사용하거나 LED를 켜기 위해서 잠시 5~10mA를 사용하죠. 이것을 전체의 시간으로 따져보면 평균적으로 0.069mA를 사용하게 되는 것이며 그 결과 4~6개월동안 쓸 수 있는 것입니다.

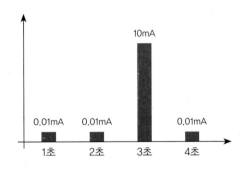

▲ 시간 변화에 따른 샤인의 배터리 사용량

---

08 보통은 Real Time Clock이라고 합니다

09 프로그램으로 동작하는 칩입니다(마이크로 프로세서)

배터리는 구조상 크기에 따라 사용할 수 있는 전류가 달라진다고 하였습니다. 그렇다면 크기가 같을 때 사용 가능한 전류의 크기는 정해져 있기 때문에 배터리를 오래 쓰려면 최대한 전류를 적게 소비해야 할 것입니다.

그렇게 하기 위해서는 하드웨어를 잘 설계해야 하고 전류를 적게 소비하는 부품들을 사용해야 되겠죠. 그래서 웨어러블 디바이스를 위해서는 전류를 적게 소비하는 칩을 만드는 것 또한 기술적인 과제가 되는 것입니다.

이번 장에서 알아본 내용들로 웨어러블 디바이스를 조금이나마 이해할 수 있는 계기가 되었기를 바랍니다. 웨어러블 디바이스는 아직까지는 가능성이 많은 분야이고 시작되는 단계로 보기 때문에 어떤 특징들이 있는지만 알아도 좋다고 생각했는데요.

지금까지의 이야기를 정리해보면, '어떻게 사람들에게 도움을 줄 수 있을 것인지?', '어떻게 예쁘게 만들 것인지?' 그리고 '어떻게 오래 쓰도록 만들 것인지?' 등이 웨어러블 디바이스에 있어서 가장 중요한 요소들입니다. 그러므로 앞으로 웨어러블 디바이스를 개발하거나 관심이 있으신 분들은 이러한 요소들을 어떻게 해결할 것인지, 그리고 어떻게 해결한 제품들인지를 눈여겨 보시면 좋을 것 같습니다.

_참고문헌

헬스케어 웨어러블 디바이스의 동향과 전망

  : 보건산업브리프 Vol.115 [한국보건산업진흥원]

가속도 센서의 원리 : http://goo.gl/h3hXCd [Bill Hammack Site]

배터리 구조 : https://www.samsungsdi.co.kr [삼성SDI]

기어핏 : http://goo.gl/lDBhre

_이미지 출처 및 저작권 관련

P. 58(웨어러블 제품들 사진) : 각 제조사에서 발췌함

  – http://store.misfit.com/products/sport-band

  – http://www.samsung.com/global/microsite/gear/gearfit_features.html

  – http://www.fitbit.com/kr/flex/gallery

P. 73(Misfit 이미지): http://www.misfitwearables.com/shine#solid-panel-3

P. 76(웨어러블 제품들 사진) : 각 제조사에서 발췌함

  – GoogleGlass : http://www.google.com/glass/start/how-it-looks/

  – Moto360 : https://moto360.motorola.com/

  – Gear Fit

    : http://www.samsung.com/global/microsite/gear/gearfit_features.html

P. 90(배터리 용량 사진) : http://goo.gl/yNxsbX

이것이 알고 싶다

Q. 가속도센서가 웨어러블의 핵심 기술이라고 하였는데 웨어러블 디바이스만 가속도센서를 사용하나요?

A. 그렇지 않습니다.

가속도센서는 가격이 저렴하면서도 동작을 인식하는 데 충분한 능력을 발휘하기 때문에 사용하는 것인데요. 스마트폰, 게임기, 내비게이션, 리모콘 등 많은 제품에서 응용하여 사용되고 있습니다.

여러분들도 한 번쯤은 사용해 보셨을 것이라 생각하는데요. 스마트폰에서는 가속도센서를 활용하여 흔드는 것만으로 앱을 실행시키거나 연락처 보내기 등의 기능을 할 수 있구요. 게임기의 경우 조이스틱을 공중에서 휘젓거나 기울이는 것만으로 게임상의 캐릭터를 조정하기도 합니다. 그리고 내비게이션은 GPS만으로는 위치가 정확하지 않기 때문에 이를 보정하기 위하여 가속도센서를 활용하기도 합니다. 예를 들어, 현재 자동차가 왼쪽으로 방향을 바꾸고 있는지 오른쪽으로 방향을 바꾸고 있는지 알 수 있는 것이죠.

Q. 웨어러블 디바이스 중에 가장 성공한 사례는 어떤 게 있을까요? 국내와 해외 사례를 들어주세요.

A. 아직까지는 웨어러블 디바이스를 주변에서 많이 볼 수는 없습니다.

하지만 스마트 시계인 삼성의 갤럭시 기어가 국내는 물론 해외에서도 많이 판매된 제품 중 하나이구요. 그 외에 웨어러블 디바이스로는 헬스케어 제품이 많이 판매되었는데요. 조본이나 핏빗, 나이키 및 미스핏 등의 회사에서 판매되는 밴드형 제품들이 성공한 사례로 꼽히고 있습니다.

Q. 웨어러블 디바이스의 미래는 어떤 모습일까요? 지금은 건강이나 스마트 시계 등의 기능 위주인 것 같은데요.

A. 이 책의 중간 부분에 등장하는 사물인터넷(IoT) 시대가 다가오면서 웨어러블 디바이스 시대도 같이 언급되고 있습니다. 그래서 현재는 단독으로 동작하는 헬스케어나 스마트 시계 등의 제품들이 주를 이루지만 가까운 미래에는 사물인터넷과 맞물려 작동하는 제품들이 많을 것으로 보이는데요. 가령, 내가 보고 듣는 것을 기억하지 않아도 개인 클라우드 저장소에 기록된다거나 언젠가는 뇌를 스캔하여 생각만으로도 집안의 물건을 제어하고 판단을 도와주는 일도 가능할 것이라 생각합니다.

Q. 웨어러블 디바이스 중에는 비슷한 크기인데도 배터리를 오래 쓸 수 있는 제품과 그렇지 못한 제품들이 있는데요. 이들의 차이점은 왜 생기는 건가요?

A. 간단히 결론만 말씀드리면, 하드웨어와 소프트웨어의 조합이라고 할 수 있습니다. 첫째로 배터리의 소모량을 결정하는 일은 하드웨어 자체에 의해서 생겨납니다. 요즘 저전력 설계 내지는 저전력 부품이라는 광고를 많이 보게 되는데요. 이들이 배터리를 오래 쓰게 만드는 하드웨어입니다.

그리고 소프트웨어도 중요한데요. 하드웨어가 저전력으로 설계되었다고 하더라도 이를 동작시키는 것은 소프트웨어이기 때문에 소프트웨어의 역할도 상당히 중요합니다. 가령, 같은 LCD를 사용하더라도 흰색 바탕에 검은 글자를 나타내는 것과 검은색 바탕에 흰색 글자를 나타내는 것은 큰 차이를 보이는데요. LCD도 전력을 소모하는 데 흰색이 검은색에 비해 많은 전력을 필요로 하기 때문입니다. 그래서 사용자에게 메뉴나 그림을 제공할 때 어떻게 보여주느냐에 따라 배터리 소모량이 달라지는 것이며 5초동안 화면을 보여 주는 것과 3초동안 화면을 보여 주는 것 등의 차이에서 사용 시간이 결정되는 것입니다.

보고 느끼는 것은
어떻게 진화하고 있는가

_ 본다는 것과 느낀다는 것
_ SF영화에서 빠지지 않는 소재
_ 가상현실의 장벽

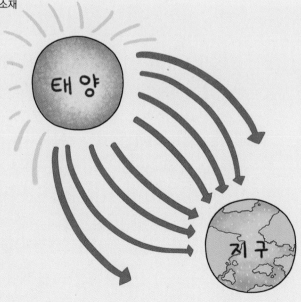

본다는 것과 느낀다는 것

빛과 소리는 사람의 눈과 귀에 닿으면서 무언가가 존재한다는 것으로 생각하게 만듭니다. 그렇다면 이 눈과 귀를 속일 수만 있다면 실제의 물건이 없더라도 있는 것으로 착각하게 만들 수도 있을 것 같은데요.

눈으로 본다는 것

사람은 5가지의 감각기관을 가지고 있습니다. 촉각, 청각, 미각, 후각, 시각이 그들이죠. 이 중에서도 시각, 청각 그리고 촉각은 외부의 상황을 인지하도록 하는데요. 눈으로 사물의 위치를 파악하고 손으로 만져보는 것으로 사물이 실제로 존재함을 느낄 수 있습니다. 대신 멀리 있는 사물은 만질 수가 없어서 눈으로 보고 소리를 듣는 것이나 눈으로 보는 것만으로도 실제로 존재한다고 생각합니다.

'눈으로 본다는 것'에 관해 알아보기 위하여 빛이란 무엇인지부터 이야기해 보겠습니다. 빛은 대략 3×10^8m/s의 속도로 움직입니다. 지구의 적도 둘레가 약 4만Km라고 하는데 빛의 속도가 1초에 30만Km를 움직일 수 있으니까 0.1초면 거의 한 바퀴를 돌겠네요. 엄청 빠르다는 것을 알 수가 있죠?

빛은 빠르기만 한 것이 아니라 여러 성질이 혼합되어 있는데, 그 중에는 사람의 눈으로 볼 수 있는 가시광선이 있습니다. 가시(可視) 즉 눈으로 볼 수 있다는 뜻인데요. 뉴턴에서 맥스웰, 아인슈타인 등 여러 과학자들이 빛에 관해 연구를 하였지만 아직까지 '빛은 무엇이다'라고 말을 할 수는 없을 것 같습니다. 단지, 여러 실험에 의해 밝혀진 내용으로 '파동'의 성질과 '입자'의 성질을 모두 가지고 있다는 얘기를 할 뿐입니다.

그래서 빛의 한 영역인 가시광선 영역도 파동을 가지고 있으며, 빠르게 움직이는 영역과 느리게 움직이는 영역에 따라 사람들의 눈에는 여러 색깔로 나타난다고 합니다. 여러분이 알고 있는 빨강, 주황, 노랑 등등이 존재하죠. 또한, 빛은 어떤 물체에 부딪혀 반사되는 성질도 있습니다. 어릴적에 거울로 빛을 반사시켜 친구를 눈부시게 만드는 장난을 쳤던 것처럼요. 그런데 물체들은 앞서 말씀드렸던 가시광선의 색깔들 즉, 빨강, 주황, 노랑 등의 모든 영역을 반사시키지 않고 일부만 반사시킬 수도 있습니다. 그래서 우리는 물체를 볼 때 특정한 색깔의 물

▲ 가시광선은 빛이 반사되어 우리 눈에 들어오는 빛 중에 눈으로 볼 수 있는 빛을 말합니다

체로 보게 되는 것인데요. 예를 들어, 가시광선의 영역 중 빨간색만 반사시키는 물체는 우리눈에 빨간색의 가시광선만 도달하는 것이므로 빨간색의 물건으로 인식하게 되는 것이죠. 만약에 모든 빛을 반사시키는 물체가 있다면 거울과 같이 보일 것입니다.

귀로 듣는다는 것

이번엔 '귀로 듣는다는 것'에 관한 이야기를 위해 소리란 무엇인지 이야기해 보겠습니다. 소리의 속도는 대략 340m/s라고 합니다. 빛과 마찬가지로 지구를 돈다면, 약 118초가 걸리네요. 빛보다는 느리지만 그래도 빠릅니다.

*주파수
주파수란 일정한 시간 안에 움직였다가 제자리로 돌아오는 횟수를 이야기하는데요. 예를 들어, 줄넘기를 1초에 한번 한다면 1Hz(헤르츠)라고 부르고 1초에 10번 움직인다면 10Hz라고 부릅니다. 그래서 주파수가 높다는 말은 그만큼 많이 움직였다는 것입니다.

사람은 소리를 들을 때 높낮이가 있는 소리를 듣게 됩니다. 높낮이는 소리의 주파수에 의해 결정되는데요. 공기중에 떠다니는 소리를 음파라고 부르며, 주파수가 높은 음파는 높은 음으로 들리고 낮은 음파는 낮은 음으로 들립니다.

음파는 여러 주파수를 가질 수 있지만 모든 음파를 사람이 들을 수는 없고 가시광선과 비슷하게 가청주파수라는 것이 있습니다. 그 영역은 20Hz~20KHz라고 하는데요[01]. 가청주파수

---

01 wikipedia : http://en.wikipedia.org/wiki/Sound

내의 음파가 공기를 통해서 귀까지 닿으면 사람은 소리를 들을 수가 있습니다.

사람은 왼쪽 귀에 소리가 닿으면 왼쪽에 무언가가 있는 것으로 생각하고 오른쪽 귀에 닿으면 오른쪽에 있는 것으로 생각합니다. 그리고 양쪽 귀에 동시에 음파가 닿으면 물체가 중간 위치에 있다고 여기죠.

지금까지 말씀드렸던 빛과 소리는 사람의 눈과 귀에 닿으면서 무언가가 존재한다는 것으로 생각하게 만듭니다. 그렇다면 이 눈과 귀를 속일 수만 있다면 실제 물건이 없더라도 있는 것으로 착각하게 만들 수도 있을 것 같은데요.

▲ 개구리 소리가 왼쪽에 나는 것을 듣고 개구리가 왼쪽에 있음을 인지합니다

▲ 고양이가 눈에 보이고 소리를 들을 수 있다면 고양이는 충분히 정말 존재하는 것처럼 느낍니다

예를 들어, 손이 닿을 수 없는 5m 앞에 고양이가 있다고 하겠습니다. 이 고양이는 실제로 존재하는 것인지 아니면 허상인지 어떻게 알 수 있을까요? 손으로는 만질 수가 없어서 눈으로만 확인할 수 있기 때문에 보이는

것만으로 믿을 수밖에 없습니다. 만약에 고양이가 소리를 내면서 울고 있다면 어떨까요? 충분히 정말 존재하는 것처럼 느낄 것입니다.

그런데 실제로 존재한다고 느끼는 고양이의 모습은 양쪽 눈으로 들어온 가시광선에 불과합니다. 그리고 소리 또한 귀에 닿은 음파에 불과하죠. 그래서 고양이의 모습을 위한 가시광선과 음파를 만들 수 있다면 실제 고양이가 없어도 있는 것처럼 느낄 수가 있을 텐데요.

만약에 고화질의 영상을 사람의 눈에 비치도록 두면서 입체감까지 느낄 수 있도록 만든다면, 그리고 소리까지 구분할 수 없을 정도로 생생하게 재현된다면 사람은 진짜처럼 느끼지 않을까요? 이러한 기능을 구현한 제품 중 한 가지가 3DTV입니다.

가상환경을 제공하는 제품들

3DTV의 영상을 보면 실감이 난다고 생각은 하지만 사실 뭔가 조금 부족합니다. 눈으로 보이긴 하지만 아주 수동적인 것이어서 가만히 앉아서 느껴야 하고 TV의 크기를 벗어나지는 못하죠. 이런 단점을 보완하고자 개발되고 있는 제품이 하나 있는데요. 바로, 페이스북에 인수된 회사인 오큘러스의 '오큘러스 리프트'라는 제품입니다.

오큘러스 리프트는 HMD군에 속하는 제품입니다. HMD는 **머리에 쓰는 형태의 영상기**Head Mounted Display라는 뜻인데요. 양쪽 눈에 꼭 맞는 렌즈가 하나씩 있어서 3DTV와 마찬가지로 좌/우 양쪽 눈에 서로 다른 영상을 보여줘서 입체감을 느낄 수 있게 해 줍니다.

▲ 오큘러스 리프트를 개발하고 있는 개발자의 모습

그런데 3DTV와의 차이점이 있는데요. 오큘러스 리프트를 머리에 쓴 상태에서 머리를 움직여 보면 그 영상이 머리를 따라 움직여서 내가 바라보고자 하는 시점을 볼 수 있게 한다는 것입니다. 그렇기 때문에 더욱 실감이 난다는 것이죠.

예를 들어, 차량에 앉아 있는 3D영상을 본다고 할 때 일반 3DTV에서는 앞만 보며 달려야 하지만, 오큘러스 리프트는 달리면서 머리를 움직여 주변을 살펴보면 내가 보고싶은 곳을 볼 수 있습니다. 앞으로 달리는 영상이긴 하지만 왼쪽을 쳐다보면 왼쪽에 해당하는 영상이 나타난다는 것이죠. 그래서 더욱 실감 난다고 말하는 것입니다.

구글에도 가상환경을 경험할 수 있는 제품이 있습니다. 2014년 구글 개발자회의에 등장한 것인데요. 개발자회의에 참석한 모든 사람들에게 무료로 나누어 주었으며 이름은 '카드보드'입니다. 현재는 구글 카드보드 프로젝트[02]라는 이름으로 사이트가 만들어져 있으니 여러분들은 디자인 파일을 다운로드 받으시고 필요한 렌즈만 구매하면 무료로 즐기실 수 있습니다.

'카드보드'의 구조를 살펴보면, '오큘러스 리프트'와 같은 구조를 가지고 있음을 알 수 있습니다. 양쪽 눈을 위해 각각의 렌즈가 있으며 양쪽 눈에 각기 다른 영상을 보여 주기 위해 스마트폰을 이용하도록 되어 있습니다. 이 부분이 '오큘러스 리프트'와 다른 점인데요. 오큘러스 리프트는 스마트폰 대신에 LCD 디스플레이가 사용되며 컴퓨터에서 화면을 보여주도록 되어 있습니다.

오큘러스 리프트와 같은 HMD 제품은 눈으로 볼 수 있는 모든 것을 실제와 같이 느끼게 해 줍니다. 단지 허상과 같아 손으로 만질 수가 없고 가만히 앉아서 머리만 움직이면서 느껴야 한다는 것이 단점이죠.

▲ 구글에서 제작한 가상환경 제품으로 박스를 접어서 제작 가능하도록 되어 있습니다

---

02 카드보드 프로젝트 : https://developers.google.com/cardboard/

이러한 단점을 파악하고 가상환경의 경험을 더 확장시키는 제품도 있습니다. 우리나라 회사인 **이투박스**E2BOX라는 회사에서 만든 제품인데요. 오큘러스 리프트에 자체 개발제품을 연결하여 가상환경에서 활동을 할 수 있게 만드는 제품이었습니다.

여기에 사용된 기술은 '모션인식'에 관한 기술인데요. '모션인식'은 영화나 스포츠 및 게임에 사용되는 기술로서 사람이 움직이는 **동작**Motion을 인식하는 것이기 때문에 **모션인식**Motion Recognition이라고 불립니다. '마이너리티 리포트', '아이언맨'과 같이 영화에서 많이 활용된 기술이죠. 모션인식과 관련된 제품은 예전부터 있어 왔고 카메라를 활용하여 영상을 분석하는 방식이 많이 사용되었습니다. 그런데 영상을 분석하는 방식은 실시간으로 확인하기에는 느리기도 하고 장비의 성능이 좋아야 하기 때문에 가격이 비싸다는 단점이 있습니다.

▲ 가상현실을 걸어다닐 수 있는 E2BOX의 가상현실 솔루션

반면에 필자가 직접 체험한 이투박스 제품은 실제의 움직임과 거의 차이가 없었고 간단해 보였습니다. 그래서 완벽한 가상환경을 경험할 수 있었는데요. 가상환경속에서 걸어 다닐 수 있었고 박스를 발로 찰 수도 있었습니다. 보기만 하는 가상환경에서 벗어나 직접 체험하는 가상환경이 된 것이죠. 모션인식에 관심이 많으신 분들은 이투박스회사 홈페이지(http://e2box.co.kr)에서 직접 확인해 보시면 좋을 것 같습니다.

SF영화에서 빠지지 않는 소재

홀로그램은 '전체'와 '그린다'의 그리스어가 합쳐진 단어라고 합니다. 2차원적인 그림과 달리 3차원적으로 전체를 그렸다는 것으로 볼 수 있는데요. 처음 개발된 홀로그램은 빛을 저장하는 방식이어서 사진과 같이 특수필름에 기록되었습니다.

홀로그램의 원리

여러분은 스타워즈를 본 적이 있나요? 1970년대에 만들어진 영화지만 지금 봐도 잘 만든 영화라는 생각이 듭니다. 유명한 SF영화, 예를 들어 스타워즈, 토탈리콜, 마이너리티 리포트, 아이언 맨, 트랜스포머 그리고 아바타 등에는 공통적으로 등장하는 장치가 하나 있습니다.

스타워즈에서는 R2D2 로봇이 레이아 공주의 모습을 허공에 나타내며 스카이 워커와 대화를 나누는 장면이 나옵니다. 아이언맨에서는 주인공인 토니 스타크가 자료를 검색할 때 공중에 보이는 지도에 손을 휘저으며 자료를 찾기도 합니다.

영화 속의 장치들이지만 이런 것들과 같이 허공에 화면을 보여주는 장치를 홀로그램 장치라고 합니다. 홀로그램 장치는 실제의 사물이 눈앞에 있는 것처럼 보여주기 때문에 사실감을 더해 주는데요. 그래서 매력적일 수밖에 없습니다. 그런 이유로 많은 영화 속에서 빠지지 않고 등장하는 것이겠죠.

영화 속에서 등장했던 장치들은 현실화되는 제품들이 많이 있습니다. 핸드폰이 그렇고 하늘을 나는 자동차도 그렇죠. 그런데 아쉽게도 홀로그램 장치는 아직 현실화되지 못한 상태입니다. 아직은 기술적으로 한계가 많기 때문인데요.

인간은 사물을 인지하려면 눈으로 확인하고 깊이와 형태를 머리로 해석하려 합니다. 글자의 경우에는 깊이와 같은 입체는 없지만 형태를 확인하고 머리로 해석을 하는 것이죠.

캠릿브지 대학의 연결구과에 따르면, 한 단어 안에서 글자가 어떤 순서로 배되열어 있는가 하것는은 중하요지 않고, 첫째번와 마지막 글자가 올바른 위치에 있것는이 중하요다고 한다. 나머지 글들자은 완전히 엉진창망의 순서로 되어 있지을라도 당신은 아무 문없제이 이것을 읽을 수 있다. 왜하냐면 인간의 두뇌는 모든 글자를 하나하나 읽것는이 아니라 단어 하나를 전체로 인하식기 때문이다.

위의 글에서 잘못된 부분을 인지했나요? 인지하지 못하고 읽었을 부분이 많이 있을 텐데요. TV 프로그램인 'KBS 스펀지 (53회)'에서 방영된 내용으로 '단어우월효과'라고 부르는 실험입니다. 위의 글을 다시 읽어 보면 단어 중에 틀린 것이 많다는 것을 알 겁니다. 이렇듯 사람의 눈은 생각보다 속이기가 쉽습니다. 그래서 사람의 눈을 어떻게 속이면 입체감을 줄 수 있는가에 대해서 연구를 해 오고 있는데요. 그 결과가 3DTV와 같은 입체 영상기입니다.

사람의 눈은 양쪽 눈 사이에 거리가 있어 서로 다른 각도로 물체를 볼 수 있습니다. 그 각도 차이 때문에 물체의 입체감을 느끼는 것이죠. 3DTV의 기본 기술은 이러한 각도의 차이를 양쪽 눈이 느끼도록 만드는 것입니다.

▲ 사람은 눈앞의 물체가 입체적이라고 느끼는 이유는 좌 우 눈으로 보는 모습이 다르게 느끼기 때문입니다.

3DTV도 동작 방식이 다르다

세계 TV시장은 삼성과 LG가 세계 1, 2위를 다투고 있습니다[03]. 이들은 3DTV에서도 경쟁을 하고 있으며 3D영상을 즐기는 방식에 약간의 차별화를 두고 있습니다. 두 회사의 제품은 양쪽 눈에 서로 다른 영상을 보여 주기 위해 안경을 써야 한다

---

03 파이낸셜 뉴스(3월 11일, 2014년)

는 점은 같습니다. 그렇지만 그 안경이 동작하는 방식에는 차이가 있는데요. 삼성은 '셔터 글래스 방식', LG는 '편광 방식'을 사용합니다.

셔터 글래스 방식은 한 번은 왼쪽 눈으로만 영상을 볼 수 있도록 오른 쪽 눈을 가려주고 또 한 번은 왼쪽 눈만 가려 오른쪽 눈으로만 영상을 볼 수 있도록 하는 방법을 사용합니다. 이때 TV에서도 같은 시간에 왼쪽 눈으로 볼 영상과 오른쪽 눈으로 볼 영상을 보여줍니다. 그래서 왼쪽 눈과 오른쪽 눈이 서로 다른 영상을 보도록 만들죠.

▲ 셔터클래스 방식은 왼쪽 눈으로 볼 화면과 오른쪽 눈으로 볼 화면을 번갈아 가며 보는 방식입니다. 안경 없이 화면을 보면 두 화면이 같이 보입니다

셔터 글래스 방식은 왼쪽 눈의 영상과 오른쪽 눈의 영상을 번갈아 보여주기 위해 한 번씩 깜박거려야만 합니다. 하지만 사람은 그렇게 느끼지를 못하는데요. 이는 잔상효과[04] 때문

04 wikipedia : http://en.wikipedia.org/wiki/Afterimage

입니다.

셔터 글래스 방식의 안경은 TV와 시간을 맞춰서 왼쪽 눈을 가리기도 하고 오른쪽 눈을 가리기도 해야 합니다. 그러기 위해서는 전

자장치를 이용할 수밖에 없어 셔터 글래스 방식의 안경들은 배터리가 들어있고 무게가 조금 느껴집니다.

편광 방식도 왼쪽 눈과 오른쪽 눈이 볼 영상이 달라 입체감을 느끼게 하는 방법은 마찬가지입니다. 대신 안경렌즈가 편광이라는 특수필름을 사용하고 있는데요. 한쪽 각도의 방향으로만 빛을 받아들이게 되어 있습니다. 그래서 왼쪽 눈으로 들어오는 빛의 각도와 오른쪽 눈으로 들어오는 빛의 각도가 다른데요. 이때 TV에서도 그에 맞는 각도로 화면을 보낼 수 있도록 유리가 특수 처리되어 있습니다.

▲ 편광 방식은 한 화면이 서로 각도가 다르게 눈으로 들어옵니다. 이때 안경의 특수필름에 의해서 왼쪽 눈에는 왼쪽 화면만 걸러서 보여주고 오른쪽 눈에는 오른쪽 화면만 걸러서 보여주는 것입니다

편광 방식의 안경은 필름에서 빛을 걸러내는 방식이므로 배터리가 필요 없습니다. 그래서 가볍고 가격이 저렴하죠. 대신에 TV 화면의 반은 왼쪽 눈에서만 볼 수 있게 하고 나머지 반은 오른쪽 눈에서만 볼 수 있게 하기 때문에 TV의 전체화면에서 반씩 나눠서 봐야 합니다. 여기서 말하는 '반'은 TV화면 전체를 두고 하는 말이 아닙니다. TV를 자세히 보면, 여러 개의 점들이 모여 하나의 화면을 만드는 것이라 할 수 있는데요. TV 화면 전체에서 세로로 나열된 한 줄은 왼쪽 눈에만 보일 수 있도록 하고 그 다음 한 줄은 오른쪽 눈에만 보일 수 있도록 만들어진다는 것입니다.

그렇게 전체의 화면을 한 줄은 왼쪽 눈, 그 다음 줄은 오른쪽 눈, 다시 왼쪽 눈…이런 식으로 나열되어 있죠. 그래서 가까이에서 보면 그 간격이 느껴지는 단점이 있는데, 5m 정도 떨어진 곳에서는 그 간격을 느끼지 못한다고 합니다.

그렇다면 3DTV의 원리에서 봤던 것처럼 홀로그램 영상도 입체감을 느끼기 위해서는 3DTV와 마찬가지로 양쪽 눈에 다른 각도의 영상을 보여줘야 된다는 것을 생각할 수 있습니다. 단지, TV와 같이 한곳에서 나오는 빛이 아니라 실제의 물체에서 빛이 반사되어 나오듯이 여러 각도로 빛이 나와야 하죠. 그래야만 어느 각도에서 봐도 실제처럼 보이겠죠.

홀로그램은 '전체'와 '그린다'의 그리스어가 합쳐진 단어[05]라고 합니다. 2차원적인 그림과 달리 3차원적으로 전체를 그렸

---

05 위키피디아 : http://en.wikipedia.org/wiki/Holography

다는 것으로 볼 수 있는데요. 처음 개발된 홀로그램은 빛을 저장하는 방식이어서 사진과 같이 특수필름에 기록되었습니다.

▲ 홀로그램이 3DTV와 다른 점은 다른 각도에서 보았을 때 다른 모습을 보여줘야 한다는 것입니다. 3DTV보다 훨씬 실감나지 않을까요?

필름에 무언가를 기록하기 위해서는 빛과 같은 에너지가 필름에 닿아야 합니다. 일반 카메라용 필름은 자연 속의 빛이 필름에 닿는 것이고 홀로그램용 필름은 레이저 빛이 필름에 닿는 것이라고 할 수 있는데요.

홀로그램에 레이저를 사용하는 이유는 직진하는 빛이라는 점 때문입니다. 자연속의 빛은 태양으로부터 출발하여 필름까지 닿는 동안 많은 물질들과 부딪힙니다. 눈에 보이진 않지만 공기속의 물질들과 부딪히고 구름과도 부딪히며 건물이나 유리와 부딪히기도 하죠. 그래서 직진하는 빛이 아니라 사방에서 반사되어 필름으로 들어오는 빛으로 볼 수 있습니다.

반면에, 레이저는 임의적으로 만든 빛이어서 가까운 거리에서 발생하므로, 레이저가 지나가는 길에 일부러 무언가를 놓치 않는 이상 부딪히는 물질이 없어 일정한 세기와 주파수를 유지합니다. 그래서 직진성도 강하고 거울에 비춰도 일정한 각도로 꺾일 수 있습니다.

이 레이저 빛을 홀로그램용 필름에 쏘면 일정한 빛이라는 특성 때문에 일정한 모양의 빛이 저장되어 한 가지 색으로 칠해진 종이처럼 보일 것입니다. 그런데 레이저와 필름의 중간에 어떠한 물체를 두게 되면 레이저가 그 물체에 가려지므로 가려진 만큼 필름에 닿지를 못하겠죠? 그래서 필름에는 물체와 같은 모양의 그림자가 생길 것입니다.

만약에 이 그림자에 다른 각도에서 오는 레이저 빛이 있다면 어떨까요? 이 빛도 레이저 빛이므로 필름에 기록되겠죠? 그러면 그림자가 생겼던 부분은 다시 레이저 빛이 채워줄 것입니다. 그래서 그림자가 없이 한 가지의 색으로 채워진 필름이 될 것입니다. 실제로 특수필름에 홀로그램을 새기는 방식도 다른 각도에서 들어오는 빛과 직진하는 빛을 모두 이용합니다. 그렇지만 한 가지의 색으로 채워진 것이 아니라 명암이 나타나 있죠.

앞선 설명대로라면, 빛에 가려진 물체 때문에 그림자가 생기게 되고 이는 각도가 다른 빛에 의해 다시 색깔이 채워지므로 아무것도 기록되지 않은 것처럼 보일 수 있다고 했습니다. 그런데 어떻게 홀로그램과 같이 물체의 모습이 기록되냐구요? 그건 간섭효과 때문입니다.

간섭효과는 두 빛이 서로 만난다고 할 때, 그 지점이 하나의 빛보다 강해지거나 더 약해지기도 한다는 것입니다. 그래서 결국에는 필름에 더 강한 빛이 기록되는 곳과 더 약하게 기록되는 곳이 생긴다는 것인데요.

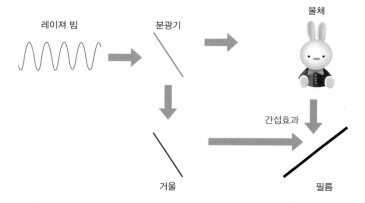

▲ 필름에 기록되기 위해서는 레이저와 같은 일정한 빛이 필요합니다. 이 레이저가 분광기를 거치면서 거울과 물체로 가는 빛이 분리되는데요. 분리된 빛은 결국 필름에 비춰지게 만들고 이때 간섭효과에 의해서 사진이 입체적으로 보이게 됩니다.

간섭효과를 이해하자면, 트램볼린에서 두 사람이 뛰는 것으로 설명할 수 있습니다. 트램볼린은 힘을 잘 조절하면 더 높이 뛸 수가 있는 점핑 놀이기구인데요. 혼자서 탈 때, 일정한 힘과 박자를 잘 맞추면 큰 힘을 들이지 않고도 높이 점프할 수가 있으며 트램볼린에 떨어지는 힘이 크거나 무게가 많이 나갈수록 더 높이 뛰어 오르게 됩니다.

트램볼린을 타다 보면 혼자 타지 않고 두 사람이 타는 경우가 있습니다. 이 때는 혼자 탈 때와는 달라서 박자를 맞추기가 어려워지는데요. 서로 박자가 엇갈릴 때는 평소보다 뛰어오르지 못하게 되고 박자가 잘 맞아서 동시에 트램볼린에 닿으면 훨씬 더 많이 뛰어 오르게 됩니다. 그 이유는 트램볼린이 고무줄처럼 늘어났다가 다시 줄어드는 힘으로 사람을 뛰어 오르게 만드는 것이기 때문인데요. 두 사람이 동시에 떨어지면 그 무

게가 혼자일 때보다 커지게 되므로 그만큼 높이 뛰어오르게 되는 것입니다.

마찬가지로 홀로그램에서 간섭효과는 트램볼린에서 두 명이 뛰는 것처럼 두 레이저 빛이 서로 만나 그 힘을 합한 것만큼 커지는 것입니다. 그래서 두 레이저 빛이 서로 힘이 가장 강할 때 만나는 지점은 다른 곳에 비해 더 강한 레이저 빛을 가지게 되고 결국, 더 강한 빛이 필름에 저장되는 것이죠. 그러면 결국엔 명암으로 인해 물체의 모습으로 보이게 되고 입체적으로 보이게 됩니다.

▲ 트램볼린 위에 두 사람이 박자를 맞춰서 뛰면 그 힘이 증폭되어서 더 많이 올라가고 더 많이 내려옵니다.

필름에 빛을 저장하는 방식을 아날로그 홀로그램이라고 부른다면 영화에서 볼 수 있는 홀로그램들은 디지털 홀로그램입니다. 사진과 같이 필름에 저장된 빛이 아니라 빛에 대한 정보를 메모리에 저장해두었다가 원할 때 보여주는 것이죠. 그래서 연속적으로 변하는 영상(동영상)이나 가공된 영상도 보여줄 수가 있는 것입니다.

그런데 영화에서처럼 평면이 아닌 허공에 영상을 만들기 위해서는 허공에다가 빛을 만들어야 합니다. 앞서 설명했지만, 우리가 사물을 볼 수 있는 이유가 빛이 사물에 닿아서 반사된

빛들이 눈까지 닿기 때문이죠.

그런데 허공에는 반사를 시킬 만한 물체가 없는 것이므로 눈으로 들어 올 빛이 없는 것입니다. 대신에 물체가 있어야 할 자리에서 빛이 발생할 수 있다면 눈으로 볼 수가 있겠죠.

그래서 홀로그램을 구현하는 방법 중에는 간섭현상을 이용하여 서로 다른 방향에서 레이저를 쏘아 서로 만나는 점에서 강한 빛을 만들기도 하고 수증기를 허공에 뿌려 빛이 반사되도록 한 다음에 프로젝트로 영상을 보여 주기도 합니다.

그러나 레이저를 이용한 장치는 단색으로만 볼 수 있고 수증기를 뿌려서 영상을 만드는 일은 2차원적인 영상으로만 보입니다. 이렇듯 허공에다가 빛을 만드는 일은 쉬운 일이 아니어서 계속 연구되고 있는 분야 중 하나죠.

기술이란 시간이 걸릴지언정 언젠가는 극복되는 것입니다. 그래서 집에서도 홀로그램으로 영상통화를 하고 물건을 검색하거나 진정한 3D영화를 볼 수도 있을 텐데요. 현 시점에서 어떤 한계가 있어 홀로그램을 구현하지 못하는지를 알면 앞으로 어떤 준비를 하면 되는지 알 수 있을 것이라 생각합니다. 그러므로 다음 절에서 홀로그램 장치를 만드는 데 있어서 무엇이 문제가 되는지 알아보겠습니다.

가상현실의 장벽

허공에 영상을 띄우는 일은 여간 어려운 게 아닙니다. 원하는 위치에다가 컬러로 보여 주는 것은 더더욱 어렵습니다. 우리가 사물을 보는 것은 빛이 눈에 닿아서 그렇다고 하는데요. 어떤 물체에 빛이 반사되어 눈으로 들어온다면 그 물체를 인식할 수가 있습니다. 그런데 허공에서는 빛을 반사시킬 수가 없어서 직접 빛을 만들어 내야 합니다.

플로팅 이미지로 홀로그램에 가깝게

가상 현실에 대한 인간의 욕구는 오래 전부터 있어 왔던 일입니다. 그림책에 입체감을 주기도 하였고 양쪽 눈에 다른 영상을 보여 주는 방식으로 입체감을 주기도 하였죠. 그러한 노력으로 가정에서 3DTV를 감상할 수 있는 현실까지 왔습니다.

가상 현실의 최종 목적은 평면에서 느끼는 입체감이 아니라 영화에서처럼 허공에서 360도로 감상이 가능한 것입니다. 실제의 물체가 있는 것처럼 만드는 것이죠. 그렇지만 기술적인 한계로 완벽한 홀로그램은 현재까지 없습니다.

에버랜드에서는 홀로그램으로 K팝 공연을 하고 있습니다. 작지만 실제의 가수들이 무대에서 노래를 부르는 것처럼 잘 만들어져 있는데요. 빈 공연장에 실제의 가수들이 나타나서 노래를 부르는 것처럼 보입니다. 에버랜드 말고도 홀로그램 공연장은 많이 있습니다. 해외로 수출하기도 하죠.

홀로그램 공연을 광고할 때는 홀로그램이라는 단어를 붙여서 콘서트라고 말하지만, 지금까지 말씀드린 홀로그램과는 다릅니다. 홀로그램의 기본 개념인 360도로 볼 수 있는 것이 아니기 때문입니다. 단지 홀로그램처럼 허공에 영상이 나타나는 것과 같은 효과가 있을 뿐입니다.

홀로그램 콘서트에서 사용하는 방식은 홀로그램이라기보다 **플로팅 이미지**Floating Image라고 부릅니다. 플로팅 이미지는 프로젝터 영상기로 스크린에 영상을 나타내는 것과 같은 원리로 동작합니다. 대신 이 스크린은 투명이어서 그냥 봐서는 눈에 보이지 않는데요. 그래서 무대 뒤의 공간까지 보여 스크린이 없는 것처럼 느껴집니다. 그런데 프로젝터 영상기를 이용하여 투명 스크린에 영상을 비추면, 반사가 되기 때문에 보는 사람의 입장에서는 영상이 공중에 떠 있는 것처럼 느껴집니다.

그래서 가수들의 모습을 투명 스크린에 비추면 배경과 가수의 모습이 동시에 보이므로 입체감이 있는 콘서트 영상을 보는 것과 같은 느낌이 들게 해주죠. 플로팅 이미지는 이런 입체감을 이용하여 가수들의 콘서트를 즐길 수 있어 많은 사람들로부터 관심을 받고 있습니다.

▲ 빔 프로젝터가 보내는 가수의 모습은 거울에 의해서 반사되어 투명막에 비치게 됩니다. 이때 사람들은 투명막에 비친 가수의 모습과 무대의 모습을 같이 보게 됩니다.

플로팅 이미지를 구동하기 위해서는 많은 공간과 장비가 필요하기 때문에 일반 가정에서는 사용할 수가 없습니다. 만약에 일반 가정에서 홀로그램 기술을 이용할 수 있을 정도가 되면 어떤 일들을 할 수 있을까요?

가장 먼저 통신을 떠올릴 수가 있습니다. 아무래도 영화에서 가장 많이 사용된 장면이라서 그런 게 아닐까 합니다. 홀로그램을 이용한 통신은 상대방과 실제로 보면서 이야기를 나누는 것과 같은 환상을 만들어 줄 것입니다. 요즘은 영상통화를 많은 사람들이 이용하지만 홀로그램 영상을 이용한 통화라면 더욱 실감날 것입니다.

교육에도 사용될 수 있습니다. 지금의 교육은 종이 책에서 배운 내용을 동영상을 통해서 확인하고 이해하는데요. 책과 동영상은 정해진 지식을 일방적으로 전달하는 것이어서 모든 사람들이 원하는 정보를 줄 수가 없습니다. 예를 들어 동영상에서 달의 모습을 보여 준다고 하면, 어떤 사람은 거기서 만족할 수 있을지 몰라도 또 다른 사람은 달의 뒷모습을 보고 싶을 수도 있죠. 그러면 또 다른 동영상을 찾아서 달의 뒷모습을 봐야 합니다.

▲ 달의 영상을 모니터로 보고 있는 사람들(왼쪽)과 달의 홀로그램을 주위에서 보고 있는 사람들(오른쪽)의 모습. 어떤 게 더 실감날까요?

그렇지만 홀로그램을 이용하게 되면 직접 눈으로 보는 것을 넘어 원하는 방향으로 돌려볼 수도 있고 확대 및 축소를 해서 볼 수도 있어서 교육적인 면에서 도움이 될 것입니다.

왜 홀로그램 기술이 어려운가

　좋은 점들이 많아 보이는 홀로그램은 몇 가지의 기술적인 문제로 우리 곁에서 볼 수는 없습니다. 그 중 한 가지는 허공에 영상을 띄우는 것이고 또 다른 한 가지는 홀로그램을 위한 영상의 데이터가 너무 크다는 것입니다. 그래서 저장할 공간과 데이터를 처리할 능력이 안 된다는 것이죠.

▲ 태양은 어떤 복잡한 과정을 통해 빛을 만들고 그 빛으로 지구의 다양한 물체에 색을 입혀줍니다.

　허공에 영상을 띄우는 일은 여간 어려운 게 아닙니다. 원하는 위치에다가 컬러로 보여 주는 것은 더더욱 어렵습니다. 우리가 사물을 보는 것은 빛이 눈에 닿아서 그렇다고 하는데요. 어떤 물체에 빛이 반사되어 눈으로 들어온다면 그 물체를 인식할 수가 있습니다. 그런데 허공에서는 빛을 반사시킬 수가 없어서 직접 빛을 만들어 내야 합니다.

　또한 빛은 태양의 복잡한 과정을 통해 발생되는 에너지라고 배웠습니다. 그렇다면 허공에 빛을 만들기 위해서는 태양과 같이 무언가가 반응을 해야 하는 것입니다. 그러기 위해서는 허공에 태양과 같이 반응하기 위한 소재가 있어야 한다는 말이 되고 그 소재를 반응시키기 위한 제어가 있어야 한다는 말이 되죠. 계속 복잡해지죠?

그래도 이러한 과정을 모두 거쳐야 빛을 볼 수 있는 단계까지 진행할 수가 있습니다. 허공에서 빛을 볼 수 있는 기술은 아직까지 제대로 만날 수가 없지만 연구는 계속해서 진행되고 있는 분야이기 때문에 언젠가는 만날 수 있을 텐데요. 이러한 연구는 미국의 MIT 공대가 가장 앞서 있습니다.

홀로그램을 아직까지 만나지 못하는 또 다른 이유로 영상 데이터가 크기 때문이라고도 하였습니다. 영상 데이터가 크다면 두 가지의 문제가 발생됩니다. 처리하는 과정과 전송하는 과정인데요. 영상은 작은 점들이 서로 모여 이루는 것입니다. 그래서 TV를 가까이서 보면 픽셀이라고 부르는 작은 사각의 점(실제로는, Red, Green, Blue라는 색들의 묶음)들로 이루어진 것을 볼 수 있습니다.

하나의 픽셀은 하나의 점을 나타낼 수가 있어서 픽셀의 수에 따라 보여줄 수 있는 화면의 해상도가 정해지는 것입니다. 홀로그램은 영상이 입체적으로 나타나는 것이어서 TV와는 다르게 평면이 아닌 입체적으로 픽셀이 존재해야 됩니다.

예를 들어, 가정에서 볼 수 있는 FullHD TV는 가로줄 1920, 세로줄 1080만큼의 픽셀을 가지고 있습니다. 즉, FullHD TV의 화면에는 1920×1080만큼의 점을 찍을 수가 있다는 것입니다.

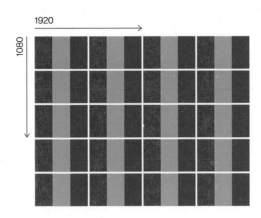

▲ 평면 TV의 픽셀 구성. 가까이서 보면 작은 사각의 점들로 이루어져 있습니다.

그렇다면 같은 화면을 홀로그램으로 만들면 어떨까요? 홀로그램은 360도 모두에서 볼 수 있어야 하기 때문에, 1920×1080 크기의 투명 스크린 TV가 연속으로 붙어 있는 것과 같은 구성이 필요합니다. 그렇게 해야 위/아래/옆 360도 어디에서 봐도 볼 수 있기 때문이죠.

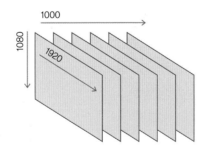

▲ 홀로그램은 투명 스크린이 픽셀만큼 붙어 있어야 가능합니다. 엄청난 데이터가 필요하겠죠?

연속으로 붙어있는 TV가 1000개라면 1920×1080×1000만큼의 크기로 점을 찍을 수 있기 때문에 그만큼의 크기로 홀로그램을 만들 수 있습니다. 이를 FullHD TV와 비교해보면, FullHD TV는 1920×1080개의 점을 찍을 수 있으므로 2,073,600개의 점을 찍을 수 있습니다. 반면에 홀로그램을 나타내려면 1920×1080×1000이므로 FullHD TV보다 1000배나 많은 점을 찍을 수 있습니다.

TV든 홀로그램 장치든 간에 디지털 영상은 컴퓨터 데이터로 저장되어 있다가 화면에 표시된다고 하였습니다. 그렇다면 FullHD TV와 홀로그램 장치의 데이터를 컴퓨터에 저장했을 때 얼만큼의 데이터가 필요한지 알아보겠습니다.

FullHD TV는 200만개의 점을 찍을 수 있다고 하였습니다. 점 하나가 색깔을 표현하기 위해서는 빨강, 녹색, 파랑 등의 색깔을 혼합하여야 하는데요. 요즘의 TV들은 1600만 컬러를 표현할 수 있습니다. 이를 컴퓨터 데이터로 저장하려면 1600만 컬러를 표현하기 위해서 24비트라는 데이터 크기가 사용되죠. 그래서 FullHD TV에서 컬러로 된 정지화면을 보여주려면 1920×1080×24의 데이터가 필요하고 이를 컴퓨터 데이터로 저장하려면 6메가바이트가 필요하게 됩니다.

반면에 홀로그램은 FullHD TV보다 1000배가 많은 점을 사용하므로, 1920×1080×1000×24의 데이터가 필요하고 컴퓨터 데이터로 6기가바이트(10의 9승 바이트) 정도의 데이터가 필요하네요. 홀로그램으로 움직이지 않는 정지화면을 표현하는 데 4기가바이트 USB 메모리보다 큰 용량이 필요한 것입니다.

추가적으로 정지영상이 아닌 30프레임으로 움직이는 동영상을 구현하려면, 1초에 6(기가)×30의 데이터가 필요하므로 180기가바이트가 필요합니다. 현재는 1초에 180기가바이트를 읽기도 힘들고 전송에 사용할 케이블도 없습니다.

결론적으로 보면, 현재까지는 허공에 영상을 보여 주는 기술과 큰 용량의 데이터를 처리하기가 힘들어 홀로그램을 영화처럼 구현할 수가 없습니다. 그래서 계속 연구 중인 분야인 것이죠. 그렇지만, 이런 홀로그램 장치를 사용하는 날이 너무 먼 미래의 이야기는 아닐 것입니다.

비록 작은 화면이지만, MIT에서는 컬러로 된 홀로그램을 구현하는 데 성공한 예가 있습니다. 그리고 컴퓨터용 CPU는 계산 능력이나 데이터를 처리하는 속도가 계속 빨라지고 있죠. 그러니 멀지 않은 미래에는 홀로그램으로 영상통화를 하고 공부하는 날을 만날 수 있을 것입니다.

_참고문헌

홀로그램 : 완전 입체영상 기술의 전망 pdf[정보통신산업진흥원]

홀로그램 : 문화기술(ICT) 심층 리포트[한국콘텐츠진흥원,12월 2011년]

이것이 알고 싶다

Q. 오큘러스 리프트와 홀로그램은 서로 다른 영역이라고 봐야 하나요? 오큘러스 리프트는 어떻게 보면 전체 공간 이미지가 눈에 들어와야 하기 때문에 이 기술도 상당히 만만치 않을 것 같은데요. 두 기술에 대한 비교를 간략하게 해주세요.

A. 오큘러스 리프트와 홀로그램은 가상환경을 제공한다는 측면에서는 같은 역할을 합니다.

단지 차이점이라고 한다면, 오큘러스 리프트는 1인칭 시점에서 제공되는 가상환경인 반면에 홀로그램은 3인칭 시점에서 제공되는 가상환경이라고 할 수 있겠는데요.

오큘러스 리프트가 소프트웨어적으로 이동이 가능하고 시점 변경이 가능하기 때문에 홀로그램에 비해서 훨씬 높은 자율성을 제공할 수 있습니다. 그렇지만 1인칭 시점이라는 이유로 다른 사람과 공유할 수가 없다는 단점이 있습니다. 반면에 홀로그램은 자율성은 떨어지지만 다른 사람과 동시에 볼 수가 있다는 점이 오큘러스 리프트와 다른 점이라고 할 수 있습니다.

Q. 주파수란 일정 시간 움직였다가 제자리로 돌아오는 횟수를 이야기한다 하였는데요. 컴퓨터에도 헤르쯔(Hz)가 있고 라디오에도 헤르쯔(Hz)가 있는데 이 둘의 차이는 무엇인가요?

A. 결론부터 얘기하면, 컴퓨터에서 사용하는 헤르쯔와 라디오에서 사용하는 헤르쯔라는 단어는 같은 뜻입니다.

단지 단위가 다르기 때문에 다른 것으로 생각할 수도 있는데요. 보통은 컴퓨터에서 이야기하는 주파수 단위는 GHz(기가 헤르쯔)입니다. 반면에 라디오에서 사용하는 주파수는 MHz(메가 헤르쯔) 또는 KHz(킬로 헤르쯔)죠. 그만큼 컴퓨터가 빠른 주파수를 사용하여 처리하는 것이라고 생각할 수 있는 것인데요. 컴퓨터도 요즘에 와서야 GHz를 사용하는 것이지 20년 전만 하더라도 MHz 단위의 컴퓨터를 사용하였습니다.

Q. 3DTV, 오큘러스, 홀로그램의 기술들은 상호 경쟁적이라고 봐야 하나요? 예를 들어, 홀로그램 기술이 보편화된다면 3DTV가 사라진다거나 할까요?

A. 서로 다른 영역에서 사용될 것이라 생각합니다. 각각의 기술들은 구현하는 데 필요한 비용에 차이를 보이는데요. 그 비용만큼 우리가 제공받을 수 있는 수준은 다를 것입니다.

그래서 일반 제품들 중에도 고가, 중가, 저가 제품들이 있고 비슷하지만 서로 다른 영역들을 가지는 제품들이 있듯이 3DTV, 오큘러스, 홀로그램 등은 서로 다른 영역에서 활용되지 않을까 생각합니다. 예를 들면, MP3가 제품으로 잘 판매되다가 스마트폰이 나오면서 많은 MP3 플레이어가 사라졌다고 생각하지만 완전히 사라지지 않고 그 나름대로의 시장을 만들어 가는 것과 같습니다.

Q. 우리가 보는 색이 빛을 만들어 낸다는 게 신기하네요. 매우 어두운 곳에서 적외선 망원경을 쓰면 물체의 형체만 보이는 원리도 이 빛과 관계된 것인가요?

A. 네 맞습니다. 가시광선과 적외선의 차이는 우리 눈으로 볼 수 있는 영역을 가시영역이라고 부르고 볼 수 없는 영역 중에서 적외선, 자외선, 감마선 등 여러 영역이 있는 것입니다.

그런데 적외선 망원경은 어떻게 눈으로 볼 수가 있냐구요? 적외선 망원경은 적외선을 그대로 통과시켜 눈에 들어오게 하는 것이 아니라 적외선을 가시광선 영역으로 바꿔서 눈으로 보내주는 역할을 합니다. 그래서 눈으로 적외선 영역의 사물을 보는 것처럼 만들어 주는 것인데요. 적외선 안경들을 보면 대부분 초록색이나 회색과 같이 특정한 색깔로 보여집니다. 그런 이유가 앞서 말씀드린 것처럼 특정한 가시광선 영역으로 바꿔 주면서 선택한 색깔이 초록색 또는 회색이기 때문입니다.

미래를 바꾼
IT 과학이야기

" IT가 세상을 바꾸며
　　책이 세상을 바꾸는 힘을 믿습니다. "

모든 사물이 연결되는 시대

구글이 탐을 내다

구글이나 애플과 같은 대기업이 시도를 한다는 것은 많은 점에서 중요합니다. 이들이 시도하는 제품들이 새롭고 좋은 것이어서가 아니라, 다른 회사들이 이끌어내지 못하는 시장을 만들어 낼 수 있다는 점 때문인데요. 그래서 많은 기업들의 동참을 이끌어 내고 새로운 생태계가 만들어진다는 것입니다.

애플을 나온 엔지니어들이 세운 네스트랩

최근의 소식 중에 구글이 32억달러라는 큰 돈을 들여 인수한 한 회사가 있습니다. 그것도 현금으로 말이죠. 네스트랩Nest Labs 이라는 회사를 이야기하는 것인데요. 애플의 엔지니어 출신들이 모여 만든 회사라고 합니다. 그래서 이 뉴스를 접한 사람들은 구글이 그 회사의 제품보다 인재들을 데리고 오기 위해 인수를 했다는 이야기도 하죠.

구글이 왜 네스트랩을 인수했는지 알기 위해서는 네스트랩은 어떤 회사이며 판매하는 제품이 어떤 것인지도 알아야 할 것입니다. 네스트랩을 위키피디아에서 찾아보면 2010년에 애플 엔지니어 출신의 토니파델과 매트 로져스에 의해 설립되었다고 합니다. 이들은 아이팟 프로젝트에 참여한 엔지니어들이라고 하는데요. 그런 이유인지 네스트랩의 제품들은 애플의 제품들처럼 깔끔한 디자인과 쉬운 조작법 등을 위해 노력한 듯합니다.

네스트랩은 학습형 온도 조절장치(Learning Thermostat)와 화재방지기(Smoke + Co ALARM)를 개발해서 판매하고 있는 회사입니다. 우리나라는 냉난방 시스템이 따로 구성되어 있어서 조금은 맞지 않는 장치이지만, 미국에서는 아주 유용한 제품이어서 비싸지만 인기가 좋습니다.

네스트랩의 온도 조절기는 무선랜을 이용하여 인터넷에 연결될 수 있습니다. 무선랜으로 인터넷에 연결되어 있으므로 외출 시에 밖에서도 온도를 조절할 수 있는데요. 추운날에 집에 들어가면 썰렁한 기운에 한동안 옷도 못 벗고 있던 적이 있을 거라 생각합니다. 그렇다고 켜두고 나가자니 난방비가 걱정이 될 것입니다. 이럴 때 외부에서 스마트폰을 켜고 집안의 온도를 미리 올려두면 집에 도착했을 때 따뜻한 기온을 느낄 수 있겠죠. 게다가 네스트랩의 온도 조절장치는 인터넷에 연결되어 있으므로 날씨 정보도 스스로 가져올 수 있습니다. 그래서 네스트랩 온도 조절기는 날씨 정보에 따라 외부의 온도를 파악하고 집안의 온도도 조절하도록 되어 있는데요. 바깥의 날씨가 아주 추

▲ 집에 네스트랩을 설치하면 밖에서 집안의 온도를 무선 인터넷을 통해 스마트폰으로 조절할 수 있습니다.

운 날에는 온도를 많이 올려서 따뜻하게 만들거나 바깥의 날씨가 따뜻할 때는 스스로 온도를 내리기도 합니다.

네스트랩 온도 조절장치의 정확한 이름은 학습형 온도 조절장치|Learning Thermostat입니다. 여기서 '학습형'이라고 불리는 이유가 있는데요. 여러분들은 집안에서 추울 때 온도를 많이 올렸다가 너무 더워져서 다시 내리기도 하는 행동을 해보았을 거라 생각합니다. 이는 얼마동안 난방을 하면 집안의 온도가 올라갈지 감이 잡히지 않아서 그렇습니다. 더울 때도 마찬가지입니다. 너무 더워서 에어컨을 틀었는데 나중에는 너무 추워서 에어컨을 끄고 창문을 열기도 하죠.

네스트랩의 온도 조절장치는 이러한 상황을 파악할 수 있습니다. 예를 들어 바깥의 날씨를 고려해서 온도를 많이 올려두었더니 온도가 몇 시간 만에 빠르게 올라갔는지 그리고 얼마만큼 시간이 지나면 다시 온도가 내려가는지 등을 학습하게 됩니다. 이렇게 조절되는 일주일 간의 온도 데이터를 활용해서 세팅된 온도로 정확히 조절하기 위해서는 어떻게 해야 되는지 알고 있는 것이죠. 그래서 네스트랩의 온도 조절장치는 에너지 낭비가 없어 효율성이 높다고도 이야기합니다.

이러한 제품을 만드는 네스트랩을 구글이 왜 인수했는지 많은 이야기가 있는데요. 그 전에 구글은 또 어떤 회사이고 어떤 사업들을 하고 있는지 간단하게나마 알아 둘 필요가 있습니다.

구글의 관심은 결국 사물인터넷?

예전에는 필요한 자료가 있을 때 도서관에서 많이 찾았지만 요즘은 웬만하면 인터넷에서 찾을 수 있어 '네이버'나 '다음' 그리고 '구글' 등을 이용해서 검색하게 됩니다. 우리나라에서는 네이버나 다음이 인기가 좋지만 전세계적으로는 구글이 가장 유명한 검색엔진을 가진 회사죠. 그래서 구글에서 검색한다는 뜻의 '구글링'이라는 말이 있을 정도입니다.

구글은 글로벌 기업이며 주로 소프트웨어 제품이 많은 회사입니다. 구글은 검색엔진으로도 유명하지만, 안드로이드나 크롬 OS와 같은 운영체제도 유명하죠. 삼성 제품이 스마트폰에서 성공한 기업으로 유명하지만 사실은 구글의 안드로이드와 함께 성공한 것이었습니다.

애플이 스마트폰 사업을 시작하면서 스마트폰용 운영체제인 'iOS'를 함께 배포하였습니다. 그러면서 소프트웨어를 전문으로 하는 개인이나 기업들과 함께 앱 시장App Market이라는 새로운 시장을 만들게 됩니다. iOS에서 사용할 수 있는 앱이 많아지면서 스마트폰용 운영체제 시장에서 선두에 올라서기도 했습니다.

이때 구글도 안드로이드Android라는 운영체제를 내놓게 되는데요. 처음의 시선은 곱지가 않았습니다. 애플 제품에 비해서 동작도 느리게 보이고 실행할 수 있는 앱들의 수도 적었죠. 그런데 삼성도 안드로이드를 사용한 제품에 합류하게 되면서 하드웨어의 힘을 안드로이드에 보태어 안드로이드의 가능성을 보여 주었습니다. 그러면서 애플을 제외한 대부분의 회사들도 안드로이드 운영체제를 사용하게 되었죠. 지금은 iOS보다 안드로이드 운영체제를 사용하는 스마트폰이 더 많은 상황입니다.

구글은 서버부터 운영체제까지 다양한 소프트웨어 제품들이 있지만 아직까지 하드웨어로 유명한 제품이라고는 '구글 글래스[01]'와 '크롬캐스트[02]'가 유일합니다. 게다가 이 제품들은 유명하기는 하지만 시장을 선두에서 이끌거나 많은 수익을 발생시키는 것은 아니어서 하드웨어로 성공했다고 말하기는 이릅니다. 그래서 네스트랩을 인수할 때 하드웨어 기술 분야를 강화하기 위한 것이 아니냐는 추측을 하게 된 것입니다.

구글은 다른 회사들이 성공하지 못했던 산업이나 시도하지 않는 산업에 먼저 투자하여 시장을 이끄는 경우가 많습니다. 그래서 구글서비스는 다양하고 멋진 프로젝트를 많이 볼 수 있는데요. 예를 들면, 무인 자동차, 구글 글래스 그리고 안드로이드나 크롬 OS와 같은 운영체제 등이 있죠.

구글이나 애플과 같은 대기업들이 시도를 한다는 것은 많은 점에서 중요합니다. 이들이 시도하는 제품들이 새롭고 좋은 것이어서가 아니라, 다른 회사들이 이끌어내지 못하는 시장을 만들어 낼 수 있다는 점 때문인데요. 그래서 많은 기업들의 동참을 이끌어 내고 새로운 생태계가 만들어진다는 것입니다.

---

01 http://www.google.com/glass/start/
02 http://www.google.com/intl/ko/chrome/devices/chromecast/

구글 글래스를 예로 들면, 웨어러블 디바이스라는 것은 이전부터 계속 시도되고 소비자들에 의해 요구되던 시장이었습니다. 그러나 제대로 된 제품이 시장에 나오지 못했고 출시가 되어도 많은 사람들의 관심을 받지는 못했죠. 그러던 중에 구글이 구글글래스 프로젝트를 시작하면서 많은 관심을 받게 되자 여러 회사들도 자신들만의 제품을 만들고 있으며 언제나부터 가지고 다닐 수 있는 제품들[03]에 사람들이 관심을 두기 시작했습니다.

그렇다면 구글이 네스트랩을 인수하는 이유도 있을 것이라고 많은 사람들이 궁금해 했죠. 그 결과로 예상되는 시장은 사물 인터넷이라고 부르는 IoT Internet over Thing 내지는 만물 인터넷 IoE Internet over Everything 영역일 것이라 생각하고 있습니다.

사물 인터넷이나 만물 인터넷은 모든 물건 및 데이터가 인터넷에 연결되는 것을 이야기하는데요. 사물들이 인터넷에 연결되면 스스로 필요한 데이터를 습득할 수 있어 사람들이 생활하는 공

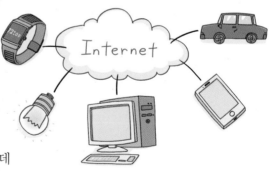

▲ 모든 사물이 인터넷에 연결되어 서로 데이터를 주고 받는 시대가 오고 있습니다. 바로 사물 인터넷 시대입니다.

---

03 웨어러블 디바이스

간 속에서 도움을 줄 것이라 기대하고 있습니다. 예를 들어, 네스트랩의 제품이 인터넷에 연결되어 외출중이어도 스마트폰으로 조절 가능하고 스스로 온도를 조절하는 것과 같다고 할 수 있습니다.

얼마 전까지만 해도 네스트랩을 인수했다고 구글이 사물 인터넷 시장을 준비한다는 생각을 확신하지는 못했는데요. 최근에는 네스트랩이 집안의 모습을 외부에서도 확인할 수 있는 카메라를 개발하는 회사도 인수하였습니다. 이 뉴스를 보고 사람들은 구글이 사물 인터넷의 큰 틀을 잡아가는 중이라고 확신하게 되었습니다.

지금까지의 상황을 보면, 구글은 IoT 시장을 이끌고 나갈 수 있는 최상의 조건을 어느 정도 만들었다고 볼 수 있습니다. 그 이유는 사물 인터넷 시스템을 만들기 위해서는 데이터를 관리해야 하고 제어를 해야 하므로 관리자와 같은 소프트웨어가 필요한데요. 구글은 관리할 서버와 소프트웨어가 이미 최상의 상태로 준비되어 있고 게다가 네스트랩과 같은 뛰어난 하드웨어팀들도 합류를 하고 있기 때문입니다.

한국에도 세계적인 기업이 있죠. 삼성과 LG도 사물 인터넷을 가만히 지켜 볼 수는 없을 것입니다. 그래서 'CES 2014'에서 IoT 영역의 사업을 준비하고 있다는 모습을 보였는데요. 두 회사는 세탁기, TV, 냉장고, 로봇 청소기, 핸드폰 등 다른 기업들에 비해서 많은 종류의 제품들을 만들어 내는 기술력이 있기 때문에 다른 기업들에 비해 사물 인터넷시장을 쉽게 준비할 수 있을 것이라 생각합니다.

하지만 사실, 구글이나 애플과 같은 회사에 비해 약한 부분이 있습니다. 삼성과 LG는 하드웨어적으로는 뛰어날지 모르지만, 아직까지 소프트웨어 분야가 약하다는 평가가 많죠. 그렇지만 우리나라 기업의 특성상, 빠른 진행으로 준비를 잘 할 것이라 생각합니다.

네스트 온도 조절장치

다른 제품들도 외출 시에 조절 가능한 제품들이 있지만 그들과의 차이점은 디자인과 똑똑함이라고 할 수 있습니다. 똑똑함이라고 말하는 이유는 온도 조절을 위한 학습을 하기 때문입니다.

학습하는 온도 조절기

네스트 온도 조절기는 미국에서 잘 팔리고 있는 제품 중 하나입니다. 하지만 아쉽게도 한국에서는 사용할 수가 없죠. 그 이유는 한국과는 냉난방 시스템의 구조가 다른 미국과 캐나다를 타겟으로 만든 제품이기 때문입니다. 지금까지 네스트 온도 조절기는 2세대까지의 제품이 나왔으니 앞으로 만들어질 3세대나 4세대 정도에는 한국에서도 사용할 수 있지 않을까 생각합니다.

한국은 다른 나라에 비해 겨울을 따뜻하게 보낼 수 있는 곳인데요. 바로 온돌 시스템을 사용하기 때문입니다. 온돌은 바닥에 깔려 있는 온수 파이프를 통해 따뜻한 물을 이동시키며 방바닥의 온도를 올려 줍니다. 그래서 파이프가 깔려 있는 모든 방이 따뜻해지는 것이고 집안 대부분의 장소에 파이프가 지나다니고 있죠.

반면에 다른 나라들은 에어컨의 기능과 히터의 기능이 같이 있는 냉난방기를 많이 사용합니다. 냉난방기는 물이 아닌 바람으로 온도를 조절하도록 만들어져 있는데요. 온도를 높일 때는 따뜻한 바람을 만들고 반대로 시원한 바람을 이용하여 온도를 낮추게 되어 있습니다. 그래서 바람이 닿지 못하는 부분은 라디에이터를 사용하고 가족들이 모이는 거실은 벽난로를 사용하기도 합니다. 가끔 영화 속에서 벽난로 앞에 가족들이 모여 있는 장면을 본 적이 있을 겁니다.

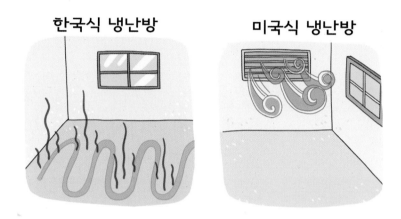

▲ 한국식 냉난방은 바닥에 파이프를 깔고 온도를 조절합니다. 반면 미국식은 냉난방기로 조절하는 시스템입니다

　　미국과 캐나다에서 사용하는 냉난방기는 온도를 올리는 기능과 내리는 기능이 하나로 되어 있어 하나의 조절기로 온도를 조절할 수 있도록 되어 있습니다. 그리고 냉난방기를 조절하는 방법은 표준04으로 정해져 있기 때문에 표준을 따르는 온도 조절기는 무엇이든지 냉난방기를 조절할 수 있습니다. 네스

---

04 미국의 경우 American Standard Heating & Air Conditioning

트 온도 조절기는 이 표준을 따르고 있어서 기존의 온도 조절기를 떼어내고 사용할 수 있도록 만들어져 있는 것입니다.

온도 조절기는 무선랜이 내장되어 있어 인터넷에 무선으로 연결이 가능합니다. 그래서 외출시에도 외부에서 인터넷에 접속이 가능한 스마트폰과 같은 기기로 제어를 할 수 있는 것인데요. 인터넷에 연결되어 있기 때문에 추운 날에 외출 중이어도 집안의 난방기를 작동시켜 집에 들어가기 전에 따뜻하게 만들어 놓을 수 있습니다.

다른 제품들도 외출 시에 온도 조절 가능한 제품들이 있지만 그들과 네스트 온도 조절기의 차이점은 디자인과 똑똑함이라고 할 수 있습니다. 똑똑함이라고 말하는 이유는 앞서 잠깐 언급하였듯이 온도 조절을 위한 학습을 하기 때문입니다. 일주일 동안 온도를 조절한 결과를 데이터로 가지고 있는데요. 이 데이터와 인터넷에 접속하여 얻어온 외부의 날씨 데이터를 활용하여 어느 정도 온도를 조절했을 때 실제로 집안의 온도가 조절되는지를 알 수 있습니다. 이런 식으로 학습을 통해 온도를 조절하게 되면 시간이 지날수록 사람이 조절하지 않아도 온도가 자동으로 조절될 수 있도록 만들기도 합니다. 그래서 네스트 온도 조절기의 정확한 이름은 'Nest Learning Thermostat(네스트 학습형 온도 조절기)'입니다.

네스트 온도 조절기는 미국과 유럽을 타겟으로 만들어진 제품이라고 하였습니다. 그래서 우리나라와는 구조적으로 맞지 않다고 설명한 바 있죠. 어떤 점에서 차이가 발생하는지 미국에서 설치하는 방법으로 알아보겠습니다.

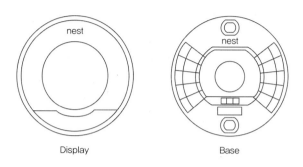

Display   Base

▲ 네스트 온도 조절기에 필요한 베이스와 디스플레이

　네스트 온도 조절기는 가정 내에서 사용하던 기존의 온도 조절기를 교체하는 방법으로 설치를 합니다. 설치를 하기 위해서는 베이스와 디스플레이 부분이 필요한데요. 베이스는 온도 조절기에 사용될 선들이 연결되는 커넥터이고 디스플레이는 베이스와 연결하여 온도를 조절하거나 정보를 나타낼 수 있는 창입니다.

　미국은 온도를 조절하는 장치가 우리나라처럼 벽면에 붙이도록 되어 있습니다. 그래서 조절할 수 있는 제어선들이 벽면에서 나오는데요. 미국의 냉난방시스템의 표준을 따른다고 하면 온도 조절기를 연결할 수 있는 선들이 냉난방기의 제어 대상에 따라 다른 색깔을 가지게 됩니다. 그래서 기존에 온도 조절기가 설치되어 있을 경우 벽에서 뜯어내 보면, 여러 색깔의 선들이 기존의 온도 조절기에 붙어있는 것을 볼 수 있는데요. 이 선들은 최종적으로 네스트 온도 조절기의 베이스로 옮

겨져서 연결되어야 합니다.

네스트 온도 조절기의 베이스를 살펴보면 다음 페이지 그림과 같이 알파벳 기호들을 볼 수 있습니다. 알파벳 기호들도 제어 대상에 따라 기호가 정해져 있으며 선의 색깔과 같은 의미로 사용됩니다. 네스트 온도 조절기에서 사용할 수 있는 기호들을 표로 정리해보면 아래와 같습니다.

선 이름	내용
Y1	낮은 단계의 쿨링 가동
Y2	높은 단계의 쿨링 가동
G	팬 가동
OB	펌프를 사용하는 시스템에서 히터와 쿨링용으로 사용
Rc	쿨링용 24V
W1	낮은 단계의 히터 가동
W2/AUX	높은 단계의 히터 가동
C	24V Common
*	가장 높은 단계의 히터, 가습 또는 제습 기능 중 선택
Rh	히터용 24V

네스트 온도 조절기는 24볼트를 사용하는 시스템입니다. 그래서 쿨링용 24볼트나 히터용 24볼트의 선 중에서 하나를 선택하여 전원을 공급받을 수 있습니다. 만약에 쿨링 시스템과 히팅 시스템을 따로 구성하고 싶다면 각자 사용하면 될 것입니다.

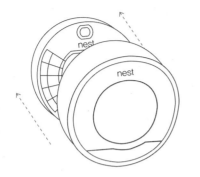

▲ 네스트 온도 조절기를 결합하는 모습과 제어선들이 연결된 모습

　온도조절은 나머지의 선들로 제어하는데요. 히터 제어용 선과 쿨링 제어용 선들이 따로 나뉘어져 있어 각자에 해당되는 선들을 켰다 껐다를 반복하며 온도를 조절합니다. 예를 들어, 추운 날에는 히터 제어선을 켜서 따뜻한 바람이 나오도록 하구요. 더운 날에는 쿨링 제어선을 켜서 시원한 바람이 나오도록 하는 것이죠.

　온도를 조절하는 연결선은 하나만 있는 것이 아니라 여러 단계가 나뉜 선일 수도 있습니다. 보통의 미국식 냉난방기는 ON/OFF만을 지원하지만, 두 단계 내지는 세 단계로 나누어진 제품도 있는 것인데요. 이들은 낮은 단계일수록 낮은 온도로 제어가 되어 에너지 효율을 높일 수 있다고 하네요[05]. 그리고 네스트의 베이스에는 '*' 모양의 연결 컨넥터가 있습니다. 이 컨넥터는 온도 조절기 2차 버전에서 생겨났다고 하는데요.

---

05 http://support.nest.com/article/What-is-a-multistage-system

히터 가습기 제습기 등으로 사용될 수 있으며 설치가 완료된 후 설정을 통해 용도를 정할 수 있다고 합니다.

한국에서 네스트의 성공 가능성은?

한국의 가정은 공기가 아닌 방바닥이 따뜻해지는 온돌 시스템으로 되어 있습니다. 공기를 통해 온도를 조절하는 미국과는 다르게 난방과 냉방이 따로 구성되어 있어 미국보다는 조금 복잡합니다. 그래서 네스트 온도 조절기를 미국처럼 쉽게 설치하지는 못하죠. 게다가 전원을 공급할 24V도 없죠. 그러면 한국의 냉난방 시스템은 어떻게 구성되는지 알아 보겠습니다.

한국의 난방시스템은 따뜻한 물을 방 전체에 깔려 있는 파이프로 흘려 보내는 시스템입니다. 따뜻한 물을 공급하기 위한 방식에는 크게 보일러를 가동하여 물을 데우는 방식과 데워진 물을 가정으로 공급받는 방식이 있죠.

개별로 보일러를 가동하는 방식은 각 가정에 설치된 가스보일러나 기름보일러에 의해서 불을 피워 물을 데우는 방식입니다. 데워진 물을 공급받는 방식은 지역난방공사로부터 공급받거나 아파트 내에서 단체로 공급하는 중앙난방이 있습니다.

개별 난방의 경우는 파이프가 각 방에 고루 깔려 있기 때문에 이 파이프로 따뜻한 물을 공급하게 되는데요. 보일러에 의해서 데워진 물이 나오는 호스는 각 방으로 연결되어 있는 파이프에 연결되어 있습니다. 그런데 보일러에서 나오는 호스는 하나이기 때문에 각 파이프에는 같은 온도의 물이 흘러 들어가는 것이죠. 그래서 어떤 방은 너무 덥고 어떤 방은 추울 수도 있습니다.

그 결과로 온도를 조절하기 위해서 벽에 설치된 온도 조절기를 껐다 켰다를 반복하는 경우도 있는데요. 그러지 않기 위해서 각 방에 연결된 파이프는 물의 양을 조절할 수 있는 밸브가 연결되어 있습니다. 이 밸브를 조절하여 물의 양을 조절할 수 있지만 그 양을 맞추는 일이 쉽지는 않습니다.

또 다른 난방 방법인 지역난방이나 중앙난방의 경우는 데워진 물이 가정에까지 연결된 파이프로 공급이 되는 것인데요. 물은 한곳에서 대량으로 데워진 다음 각 가정에 공급되는 것이어서 개별난방에 비해 가격이 저렴한 것이 특징입니다. 따뜻한 물들이 방안 곳곳에 공급될 수 있도록 파이프가 설치되어 있는 구조는 개별난방과 같습니다. 대신에 가정 내의 보일러가 아니라 다른 장소로부터 공급받는 물을 사용하는 것인데요. 이 물들은 이미 충분히 데워진 물이어서 집안에 설치되어 있는 온도 조절기로 물의 양을 조절합니다. 그러면 각 호스에 붙어있는 밸브들이 물의 양을 조절하게 되며 그 결과로 온도가 조절되는 것입니다.

이러한 한국식 난방구조에서 네스트 온도 조절기를 연결하여 조절하도록 만드는 일은 어렵습니다. 그렇지만 전혀 방법이 없는 것도 아니라는 것을 증명하신 분도 있는데요. 네스트 랩이 구글에 인수되면서 뉴스에 많이 소개가 되었고 그때 온도 조절기 또한 많은 관심을 받았으면서 네스트 온도 조절기를 설치하는 데 성공하신 분의 이야기도 많이 나왔었습니다.

네스트랩의 온도 조절기가 현재는 한국에서 사용하지는 못합니다. 그렇지만 모든 사물들이 인터넷에 연결되려고 하고 있고 보일러 회사들도 이에 동참하고 있는 분위기라서 '나비엔'과 같은 보일러는 원격으로 조정이 가능한 제품도 최근에 판매를 시작하였죠. 이렇게 인터넷에 연결되는 보일러는 계속해서 출시될 것이기 때문에 네스트 온도 조절기가 한국에서 사용할 수 있는 제품을 발표하거나 비슷한 기능을 가진 제품들도 등장할 것이라 기대합니다.

그렇게 생각할 수 있는 이유로 에너지를 아끼자는 분위기도 한몫을 하기 때문입니다. 우리나라는 석유나 가스와 같은 에너지를 스스로 충족시킬 수 없습니다. 그래서 대부분이 수입에 의존하고 있는 것이며 아끼려고 노력하고 있습니다.

단지 에너지를 수입하기 때문에 에너지를 아끼자는 것이 아니라 전세계적으로 에너지가 부족해질 것으로 예상하기 때문에 에너지를 아끼려고 하는 것이죠. 부족해질 것으로 예상하다보니 석유의 가격도 많이 오르고 그에 따라 물가도 오르고 있는 것인데요. 그 결과로 태양광 에너지나 바람 및 물을 이용하여 에너지를 생산하는 데 노력을 하는 것입니다.

그에 맞물려 가정 내에서도 에너지를 아끼려고 하고 있습니다. 조금이라도 에너지 효율이 좋은 제품을 찾게 되고 에너지를 아껴 주는 제품을 찾고 있습니다. 그러니 네스트랩과 같은 제품이 현재는 한국에 없지만 비슷한 제품들이 나올 것이라 예상할 수 있는 것이고, 에너지 효율과 편리함을 모두 얻을 것이라 생각합니다.

이러한 에너지 효율과 편리함을 제공하는 것은 많은 사람들이 원하는 것이어서 IoT^Internet over Thing 시장이 떠 오르는 이유가 되기도 하는데요. 그래서 구글도 IoT 시장을 이끌기 위해 네스트랩 회사를 인수한 것이며 다른 IoT 관련 회사들도 인수를 하는 것으로 보입니다. 그렇다면 우리는 사물인터넷이 가능한 것에는 무엇이 있으며 어떤 일들이 가능한지를 알아야 할 것입니다. 그래서 다음 절에서는 사물인터넷이 우리의 생활에 미칠 수 있는 것들에 대한 이야기를 준비해 봤습니다.

모든 사물이 연결되는 시대

단순히 IoT 시장에서 사용될 장치들의 수만 따져보아도 스마트폰보다 많을 것입니다. 스마트폰이 각 개인들이 가지고 있어봤자 전세계인구보다 클 수는 없지만 IoT 시장에 사용될 장치들은 스마트폰보다 훨씬 많기 때문입니다.

사물들이 지능화되다

김씨는 TV에서 맛있는 김치찌개 요리를 본 후에 저녁에 먹을 국으로 김치찌개를 끓이기로 합니다. TV에서 본 대로 김치와 물을 적당히 넣은 다음에 불을 올려놓고 끓기만을 기다리고 있었습니다. 그런데 평상시에는 연락도 없던 친구가 갑자기 맥주 한잔 하자며 밖으로 나오라 합니다. 김씨는 친구와 술 한잔 한다는 생각에 기쁜 마음으로 달려나갔죠.

그런데 김씨는 친구와 만나기로 한 장소에 가는 중에 갑자기 식은땀을 흘리기 시작했습니다. 생각해보니 가스레인지 위에 김치찌개를 올려놓고 그냥 나와버렸기 때문입니다. 불이 날까 걱정되는 마음에 앞집에 연락을 해서 불을 꺼줄 수 있냐고 부탁했지만 안타깝게도 그 집 역시 외출 중이었던 것입니다. 할 수없이 김씨는 친구를 만나러 가다가 되돌아 와서는 가스레인지의 불을 끄고 다시 나가게 되었습니다.

또 다른 이야기가 있습니다.

최씨는 여자친구와 저녁을 같이 먹기 위해 무엇을 만들지 고민하고 있었습니다. 날씨가 우중충해서 반찬으로 부침개가 좋다고 생각한 최씨는 가스레인지에 불을 올리고 열심히 반죽을 만들고 있었죠. 그때 갑자기 밖에서 우두둑 비가 쏟아지기 시작합니다. 여자친구가 오고 있는데 갑자기 비가 내려 우산을 가지고 왔는지 걱정이 되었죠. 그래서 여자친구에게 전화를 해보니 역시나 여자친구는 우산을 가지고 있지 않았습니다. 그래서 최씨는 얼른 우산을 챙겨서 버스 정류장으로 갔습니다. 그런데 가는 도중에 '띠~링' 하고 메시지가 왔습니다. 메시지를 확인해보니 최씨의 집에 있는 가스레인지한테서 온 것이었습니다. "집안에 사람이 없는 것 같은데 가스레인지가 켜져 있습니다. 현재 온도는 100℃에 가까워졌습니다."라는 메시지였습니다. 생각해보니 부침개를 하기 위해서 가스레인지에 팬을 올려놓고 온 것이었죠. 그래서 최씨는 가스레인지에게 문자를 보냅니다. "가스불을 꺼줘." 그러자 "가스불을 껐습니다"라고 대답이 왔습니다.

요즘에 정부에서도 관심을 많이 가지고 있고 세계적인 대기업들이 관심을 가지고 있는 시장이 IoT Internet over Thing 내지는 IoE Internet over Everything일 것입니다. 이미 스마트폰 시장은 포화상태여서 새로운 시장을 찾은 것이 IoT, IoE인데요. 단순히 IoT 시장에서 사용될

스마트폰

IOT

▲ 스마트폰은 사람마다 하나씩이지만 IoT는 자동차, 샤워기, 전구, 손목시계 등 엄청나게 많습니다. 그만큼 시장 잠재력이 크다는 얘기죠.

장치들의 수만 따져보아도 스마트폰보다 많을 것입니다. 스마트폰이 각 개인들이 가지고 있어봤자 전세계 인구보다 클 수는 없지만 IoT 시장에 사용될 장치들은 스마트폰보다 훨씬 많기 때문입니다.

IoT와 IoE는 근본적으로는 비슷한 개념입니다. 기본적으로 사물들(냉장고, 장난감, 가스레인지 등 우리가 사용하는 물건들)이 서로 통신하는 것을 이야기하는데요. 이를 M2M^{Machine to Machine}이라고 부릅니다. 그런데 M2M이 집안이나 공장과 같은 좁은 지역의 개념인 반면에 IoT는 인터넷 선을 타고 확장된 것을 의미하죠. 그래서 IoT 시대의 사물들은 인터넷에 연결이 되어 있어 외부에서도 조종이 가능한 것입니다.

그렇다면, IoE는 무엇일까요? 사실, 명확히 IoT와 IoE를 구분하지 않는 분들도 많습니다. IoT 시대를 한창 준비중인데다가 그 의미가 확장되고 있기 때문인데요. 사물 인터넷은 앞서 말씀드린 M2M에서 확장되어 기기들이 인터넷 영역을 넘나들게 된 것이었습니다. 그러다가 센서들이 좋아지고 기기들이 센서를 지니게 되면서 데이터들을 활용한 서비스들이 생기게 되었죠. 그래서 단순히 M2M을 인터넷으로 확장시킨 것과 구분하기 위하여 IoE(만물 인터넷)라고 부르는 사람들도 있는 것입니다.

예를 들어 집에 가스레인지가 켜져 있다는 것을 외출 중에도 확인할 수 있고 끌 수 있다면 IoT로 볼 수 있습니다. 가스레인지가 집안에 있는 다른 장치로부터 사람이 없다는 데이터를 스스로 확인하고 집주인에게 현재의 온도 데이터와 함께 위험을 알리는 메시지를 보내는 것은 IoE로 볼 수 있죠.

▲ IoE 시대가 되면 집안의 기기들이 서로 이야기하며 각자 알아서 행동을 합니다

사물들의 지능화는 어떤 의미를 가져다줄 것인가

사물들이 스스로 데이터를 획득하고 활용하는 것이 인간의 삶에서 어떤 의미를 가지기에 많은 기업들이 투자를 하려는 걸까요? 단순히 외부에서 제어하여 장치를 끄거나 켜는 일이라면 예전부터 삼성이나 LG에서 하려던 일들인데 말이죠. 그런데 결국엔 외면되어버린 것들 아닌가요?

IoT와 IoE처럼 장치를 제어하는 일에 관심을 가지게 된 것

은 오래 전이라 할 수 있습니다. 그 당시에는 '홈 오토메이션'
이라는 이름으로 집안의 장치들을 제어하는 것이었는데요. 이
장치들을 제어하는 방법에 있어서 불편함도 있었을 테고 외부
와 연결하는 방법 등의 여러 이유들로 인해서 대중화되지는 못
했던 것입니다.

그런데 스마트폰이 보급되기 시작하면서 일반인들은 폰
하나만으로 인터넷에 자유롭게 연결될 수 있게 되었죠. 그리고
무선랜과 블루투스 등으로 집안의 네트워크가 쉽게 연결되는
시대가 되었습니다. 그러면서 자연스레 장치들 또한 인터넷에
쉽게 연결될 수 있게 되면서 다시 외부와의 연결을 생각하고
있는 것입니다.

IoT는 꼭 인터넷을 통해서 집안의 장치들을 제어하려는 것
때문에 시도되고 있는 것은 아닙니다. 다른 이
유로 에너지 효율을 생각할 수 있는데요.
앞서 언급했다시피 구글이 인수한 기업
'네스트랩'의 온도 조절장치를
예로 들면, 집안의 온도를 외
출 중에도 스마트폰으로 접속
하여 조절할 수 있습니다. 게
다가 온도 조절장치가 스스로
판단하여 온도를 조절하기도
하는데요. 이때 온도 조절을 위
한 판단은 인터넷을 통해 날씨

바깥이 덥네
보일러를 줄이자!

집에 사람이
없으니 불을끄자!

ECO

▲ IoT는 스스로 행동을 하기 때문에 결국엔 에너지를 아
낄 수 있고 결과적으로 환경친화적일 수도 있습니다.

정보를 외부로부터 가져와서 하게 됩니다. 외부의 날씨를 고려하여 집안의 온도를 조절하면 무작정 온도를 올리고 내리는 것보다 훨씬 적은 에너지로 온도를 제어할 수 있고 그만큼 에너지를 아낄 수 있습니다.

IoT 시대에 생각할 수 있는 서비스로 안심귀가를 돕는 일도 있습니다. 어두운 골목길은 범죄가 발생할 수 있는 공간이므로 곳곳에 사람이 있다는 것을 알려주는 센서를 설치할 수 있습니다. 만약에 그 길을 혼자 걷는 여성이 있다면 골목길에 있는 센서가 사람이 있다는 것을 주변에 알릴 수 있습니다. 그러면 그 길에 설치되어 있는 가로등이 그 여성을 따라서 가로등이 미리 켜질 수 있고 CCTV가 작동될 수도 있습니다. 만약에 골목길 끝에 누군가가 있다면 스마트폰으로 그러한 사항을 미리 알려줘서 그 여성이 인지할 수 있게 도와줄 수도 있죠.

또 다른 서비스로는 건강관리가 있을 수 있습니다. 혈당을 관리해야 될 당뇨병 환자들은 음식조절을 잘 해야 하는데요. 만약에 당이 부족한 경우, 이 데이터를 냉장고가 인지할 수도 있죠. 그래서 냉장고에서 물을 꺼내려는 경우, 냉장고가 당뇨병 환자에게 당을 섭취하라는 알림을 줄 수 있습니다. 그리고 당을 섭취한 결과는 다른 장치들과 공유할 수도 있을 것입니다.

만약에 당뇨병 환자가 길을 가는 도중에 혈당의 부족으로 쓰러지는 경우에도 스마트폰이나 그외의 장치들과 혈당의 부족을 공유할 수 있으므로 스마트폰이 음성으로 혈당이 부족한 환자임을 알리거나 스스로 119에 연락할 수도 있을 것입니다.

그래서 지나가는 사람이 스마트폰이 알려주는 음성을 듣고 응급조치를 할 수도 있으며 119의 도움을 빨리 받을 수도 있겠죠.

▲ IoT의 활용 예로, 센서가 작동해서 사람이 쓰러져 있는 것을 잡아내고 119 모니터에 "XXX 위치의 1층 계단에 환자있음" 이라는 알람이 뜨게 할 수도 있습니다.

이러한 서비스들로 인해 IoT 시대는 일반인들에게 많은 도움을 줄 수 있을 것이라 생각하는데요. 그렇지만 사물들이 인터넷에 연결되면서 꼭 장점만 있는 것은 아닐 것입니다. 요즘은 PC가 인터넷에 연결되고 모르는 사람과 연결하여 데이터를 주고 받을 수 있습니다. 그러면서 생겨난 문제가 자기의 의도와는 상관없이 다른 사람에 의해 컴퓨터가 조종되거나 개인정보가 새나가는 등의 보안 문제가 발생하는데요. 스마트폰도 인터넷에 연결되면서 동시에 발생하는 문제가 해킹으로 인해 개인의 연락처가 다른 사람에게 전송되기도 하고 돈이 빠져나가는 등의 금융 피해가 발생하기도 합니다. 이렇듯 인터넷에 연결되면서 피해를 입는 일들은 IoT 시대에 사물들이 인터넷에 연결되면서 마찬가지로 발생할 것입니다. 그런데 그 위험성은 PC나 스마트폰보다 더욱 심각할 수 있는데요. 예를 들어 가스레인지나 오븐을 외부에서 조절할 수 있다면 해킹에 의해서 켜질 수도 있습니다. 그러면 화재로 인해 심각한 문제가 될 수도 있죠. 또는 보일러나 전기를 사용하는 장치들에 과부하를 걸어서 사고가 발생할 수도 있습니다.

이렇듯 IoT 시대에는 보안성이 중요한 요소이기 때문에, 보안 업체들 또한 큰 시장으로 여기고 있으며 데이터를 관리하는 서버나 집안의 네트워크를 관리하는 서버 업체들도 보안성을 강조하여 제품을 출시하고 있죠.

그렇지만 조금 더 생각해보면, PC나 스마트폰 등의 보안성 문제는 항상 있어 왔고 지금도 계속 얘기되고 있어 방어 기술 또한 좋아지고 있습니다. 그래서 보안의 문제가 있다고 PC를 사용하지 않거나 스마트폰을 사용하지 않는 것이 아니라 조심해서 사용하고 있는 것이죠.

게다가 PC나 스마트폰으로 인터넷을 사용하면서 누리는 편리성을 버릴 수가 없습니다. 은행에 직접 가지 않고 업무를 해결하거나 온라인으로 쇼핑을 하기도 하죠. 보안이 걱정된다고 이러한 편의를 뿌리칠 수는 없을 것입니다.

대신에 보안에 더욱 신경 써야 하는 것은 사실이죠. 사물

들도 인터넷에 연결되면서 많은 편의와 좋은 서비스들이 생겨
나게 될 텐데요. 보안의 문제도 중요한 문제임을 알고 있기에
정부와 기업들도 대책 마련을 위해 노력하고 있습니다.

그 예로 정부는 IoT 시장이 한국을 이끌어 나갈 시장 중의
한 가지로 여기고 정부에서 집중 육성하겠다는 발표를 했습니
다[06]. 2020년 국내 30조원 시장을 목표로 한다는 내용이었는데
요. 이러한 내용에는 보안업체들을 참여시키고 있어 처음부터
보안에 대해 신경을 쓰겠다고 합니다.

마지막으로 IoT 시대에 생각해 봐야할 것으로 프라이버시
문제가 있습니다. 이는 보안과 연결되는 문제일 수도 있는데요.
IoT 시대의 사물들은 기본적으로 사람을 인지하는 기능을 가지
게 됩니다. 그리고 IoT 시대는 사물들이 스스로 데이터를 주고
받고 서비스를 제공하는 것이기 때문에 어떤 사람이 어느 장소
에 있었는지 기록으로 남을 수가 있겠죠.

그렇게 되면 개인정보를 파악하는 데 데이터들이 이용될
텐데요. 이는 곧 프라이버시의 문제로 이어지는 것입니다. 게다
가 첩보영화에서 보던 것처럼 정부기관에서 이용한다면, 어떠
한 사람을 추적하는 일에도 사용될 수 있겠죠. 이는 사회 안전
을 위해 사용될 수 있다는 점과 함께 다른 문제도 만들어 낼 것
으로 여겨지는 부분입니다.

---

06 http://www.etnews.com/20140402000143, 전자신문 2014.04.02일자

이번 장을 통해서 IoT 시대에는 어떤 서비스들이 가능하고 현재는 어떤 서비스들이 있는지 대략적으로나마 알아보았습니다. 대략적일 수밖에 없는 것이 아직 IoT 또는 IoE 시대가 온 것이 아니라 준비를 하고 있기 때문인데요. 앞으로 어떤 서비스가 생겨날지 그리고 어떤 제품들이 나타날지 모르지만, 이번 글을 통해서 그 구성을 이해하는 데 도움이 되었기를 바랍니다.

_참고문헌

문화기술(ICT) 심층 리포트(한국콘텐츠진흥원,12월 2011년)

이것이 알고 싶다

Q. 사물 인터넷이라는 개념의 정의는 누가 어떻게 정의한 것인가요?

A. 사물 인터넷의 정의는 사람들마다 조금씩 다르기도 합니다.

범위를 넓혀 모든 사물이 연결되는 일을 사물 인터넷이라고 하는 분들도 있고 소프트웨어와 분리하는 분들도 있으며 IoE(만물 인터넷)라고 하는 분들도 있죠. 어찌 되었든 이들 개념의 시작은 캐빈 애쉬튼(Kevin Ashton) 교수에 의해서 1999년 RFID 저널에 실리면서 시작되었습니다. 그 당시에도 지금의 사물 인터넷에 근간이 되는 RFID(Radio Frequency Identifier), NFC(Near Field Communication), M2M(Machine To Machine) 등의 시스템이 있었는데요. 이들이 확장되면서 지금의 사물 인터넷이 생겨나게 된 것입니다.

Q. 모든 사물을 연결하는 게 IoT, IoE의 개념이라고 본다면, 구글은 네스트랩 외에 더없이 많은 회사들을 인수해야 하는 거 아닌가요?

A. 맞기도 하고 틀리기도 합니다. 구글이 네스트랩 회사를 인수한 후에 네스트랩은 또 다른 회사를 인수하였는데요. 그 회사는 집안의 상황을 카메라로 감시할 수 있는 회사였습니다. 이 회사의 제품도 다른 제품들과 연결될 수 있고 집안을 감시할 수도 있죠. 그렇지만 구글이 직접적으로 인수하지는 않았습니다.

그 이유를 알 수는 없겠지만 지금까지 구글의 행보로 보아 구글은 집안의 사물들을 직접 만들지는 않고 그에 필요한 플랫폼이나 시스템 구성을 위해 필요한 서비스를 만들어 낼 것이라 보는 것입니다.

Q. 웹2.0은 다시 한 번 벤처 붐을 불러왔습니다. 사물 인터넷도 그와 같은 혹은 그 이상의 파워를 가질 수 있을까요?

A. 그건 누구도 예상하기 힘들 것이라 봅니다. 그렇지만 확실한 한 가지는 많은 기업들이 이미 IoT 시장에 발을 들여 놓았다는 것입니다. 그 기업들의 시작은 하드웨어를 만들어 내는 것이지만, 스마트폰 시장에서 하드웨어가 한계에 부딪히

고 있는 것처럼 IoT 시장의 하드웨어도 한계가 있다고 생각할 수 있겠죠.

그렇지만 스마트폰과 다른 한 가지는 IoT에 연결된 서비스들이 수없이 생겨날 수 있다는 것입니다. 그래서 IoT 시장이 지금과 같은 분위기를 계속 유지해가면서 하드웨어를 많이 만들어 낸다면 소프트웨어 분야에서도 많은 투자가 있을 것이기 때문에 기존의 벤쳐붐보다 더 큰 파워가 있지 않을까요?

Q. IoT와 IoE는 어떻게 보면 범위의 문제인 것 같습니다. IoE가 활성화되면 IoT는 자연스레 사라질 용어 아닐까요?

A. IoT와 IoE는 아직까지 확실하게 구분하지 않는 분들도 많이 있습니다. 어떤 분들은 IoT를 이야기할 때 IoE처럼 말씀하는 분들도 있는데요. 기존의 IoT라는 이름은 하드웨어적인 부분이 많아 여기에 소프트웨어를 추가하여 IoE라고 부르는 분들도 있습니다.

현재까지는 IoT와 IoE를 확실히 구분하지는 않지만 하드웨어에 연결된 소프트웨어의 서비스들도 중요한 요소이기 때문에 나중에는 IoT가 될지 IoE가 될지는 모르지만 한 가지로 불릴 것이라 생각합니다.

Q. 사물 인터넷과 만물 인터넷은 기존 제조업체가 소프트웨어적인 분야를 아웃소싱하여 개발하는 형태가 될까요?

A. 사물 인터넷 시장이 큰 시장이 되기 위해서 필요한 요소로는 표준화와 보안이라고 합니다. 그 이유는 서로 정보를 주고 받기 위해 연결성을 제공하기 위함과 외부와 연결될 수 있다는 점 때문에 보안이 중요하다고 하는 것인데요.

표준화가 잘 되면 소프트웨어와 하드웨어를 떠나서 서로 연결성이 좋아진다는 것입니다. 그러면 누구나 참여를 할 수 있다는 말이 되겠죠? 즉, 아웃소싱을 통한 소프트웨어의 참여가 아니라 소프트웨어 회사들이 스스로 시장에 참여한다는 뜻이 되구요.

반대로, 좋은 소프트웨어가 만들어지면 하드웨어가 스스로 참여하게 될 것입니다. 이렇게 하드웨어와 소프트웨어 스스로가 참여하는 것이어서 시장이 커질 수밖에 없고 여러 서비스가 생겨날 거라고 보는 것입니다.

Q. 사물 인터넷 시대를 위한 표준화 작업은 어느 정도 진행되고 있나요?

A. 사물 인터넷은 한 국가에서만이 아니라 전세계적으로 사용할 수 있도록 만들기 위해 국제적으로 협력을 하여 표준화를 진행중에 있습니다. 특히나 기업들이 서로 그룹을 만들어 표준을 만들어 나가고 있는데요. 대표적인 그룹으로는 스레드그룹, 올신얼라이언스, M2M얼라이언스 등이 있습니다. 하지만 사물 인터넷이 시작된지 얼마 되지가 않아 2014년 8월까지 표준을 발표한 곳은 M2M 한 곳뿐이죠.

사물 인터넷 시장이 워낙에 넓은 시장이다보니 참여하는 기업도 많고 다뤄야 하는 기술이 많아 많은 그룹이 만들어져 있는 상태인데요. 만약에 각 그룹에서 서로 다른 표준을 내세우기라도 하면 표준이 정해지는 데 오랜 시간이 걸릴 수도 있습니다. 그리고 블루투스가 처음에 발표되고 여러 가지 문제점이 개선되어 왔듯이 사물 인터넷도 여러 시행착오를 거치고 나서야 자리를 잡을 수 있지 않을까 생각합니다.

3D 프린팅의 시대

_ 예뻐야 잘 팔린다
_ 나도 만들어 볼까?
_ 무한한 가능성의 3D 프린터

예뻐야 잘 팔린다

종이 인쇄를 대신하는 프린터기가 가정 내에서 쉽게 사용되듯이 3D 프린터기가 가정 내에 들어오거나 인쇄업체에 인쇄를 맡기듯이 자신이 디자인하여 3D 프린팅 업체에 맡길 수도 있을 것입니다.

영원한 디자인은 없다

디자인은 고객들이 제품을 선택하는 필수요소 중 한 가지입니다. 비슷한 기능이면 더욱 예뻐야 하고 독창적일수록 인기가 좋죠. 그래서 기업들은 전문 디자이너를 고용하고 디자인 부서를 만듭니다. 대표적인 예로 애플을 들 수 있는데요. 애플의 제품들이 인기를 끈 이유는 성능뿐만 아니라 디자인이 좋다는 점이었습니다.

그러나 디자인은 제품을 만드는 데 있어서 어려운 부분 중에 하나이기도 합니다. 모든 사람들이 공통적으로 좋아하는 디자인이 있는 반면에 사람들의 취향에 따라 달라지는 부분도 있기 때문입니다.

예를 들어, 어떤 사람은 작고 예쁜 것을 좋아하는 반면에 또 다른 사람은 크고 튼

▲ 사람마다 선호하는 디자인이 다를 수 있으며, 영원히 사랑 받는 디자인은 없습니다.

튼한 것을 좋아하기도 하죠. 게다가 시간이 지나면서 바뀌기 때문에 영원히 사랑받는 디자인이란 없다고 보는 것이 맞을 것 같습니다.

회사에서 새로운 제품을 기획할 때는 많은 조사를 하게 됩니다. 제품을 디자인하는 부서에서는 트렌드를 파악하고 사용이 편리하도록 만들기 위한 조사를 하게 되죠. 그렇게 기획해서 제품을 내놓아도 모든 사람들이 좋아하지는 않습니다. 그래서 최선의 선택은 대부분의 사람들이 좋아하는 디자인으로 정하는 것입니다.

또한 디자인은 제품을 내놓는 시기에도 영향을 받습니다. 어떤 디자인이 유행이다 싶어서 만들기 시작하여 시장에 내놓으면 이미 식상한 디자인이 되어버린 것일 수 있다는 것입니다.

이처럼 디자인은 여러가지 변수로 인해서 잘 한다는 것이 쉬운 일이 아닙니다. 그렇다고 방법이 없는 것도 아니죠.

여러분은 UNICLO, ZARA, H&M의 브랜드를 한 번쯤은 들어본 적이 있을 겁니다. 이들 업체로부터 해답을 찾을 수 있지 않을까 생각하는데요. 이들 업체는 자체적으로 제작부터 판매에 이르기까지 모든 과정을 회사 내에서 진행한다고 합니다.

모든 과정을 자체적으로 진행하다보니 굉장히 빠르게 처리하고 유통 과정이 적어 가격이 저렴하다는 특징을 가지는데요. 이 점과 함께 사람들로부터 사랑받는 이유가 디자인이라고 합니다.

유통과정이 적으면 모든 업무가 빠르게 처리 가능하고 그러다 보니 소비자들의 요구와 트렌드를 적극적으로 반영하여 시장에 내놓을 수 있습니다. 그 결과로 다른 제품들에 비해 디자인이 좋다는 이야기를 많이 듣게 되고 예쁘기 때문에 인기가 좋은 것입니다.

그렇다면 의류가 아닌 전자기기의 세계에서 디자인은 어떤 관계가 있을까요? 이를 이야기하기 위해서는 전자기기가 무엇인지 알고 가야 할 것 같은데요. 전자기기를 간단히 이야기하면, 동작을 위한 칩과 부품들을 한곳에 모아놓은 장치라고 할 수 있습니다.

이러한 칩과 부품들은 크기가 정해져 있어 기능을 구현하려면 필요로 하는 최소한의 공간이 있습니다. 이러한 공간을 확보한 후에야 보호를 하거나 예쁘게 보이기 위해 디자인을 입힐 수가 있는 것인데요. 그러다보니 디자인은 무조건 예쁘기만 할 수는 없고 부품의 크기나 구현해야 할 기능 등을 고려해서 만들 수밖에 없는 것입니다.

만약에 디자인이 완료되었어도 문제는 남아 있습니다. 제품 케이스의 디자인을 실물로 만들기까지 많은 비용과 시간이 필요하다는 것입니다. 시중에 판매되는 제품의 케이스들은 공장에서 대량으로 생산되는 것들인데요. 금형이라고 불리는 첫 덩어리로 된 틀이 필요하고 여기에 플라스틱과 같은 재료를 넣어 원하는 형태로 만들어야 합니다.

그런데 금형은 쇳덩어리로 만들어져 있어 가공하기가 어렵기 때문에 제작 비용이 만만치가 않습니다. 게다가 금형을 만들기까지 시간이 많이 필요하다는 문제가 있죠. 만약에 원했던 디자인과 색깔이 다르다면 다시 맞춰야 하고 실물을 봤을 때 디자인했던 것과 느낌이 달라 금형을 수정하는 일도 생길 수 있습니다.

▲ 제품을 만들기 위해서는 디자인을 하고 금형을 만들어 다듬는 등의 많은 과정이 필요합니다

그래서 실제로 제품을 만들기 전에 시간을 절약하고 디자인 검증을 하기 위해 **목업**mock-up[01]을 이용하기도 하는데요. 목업은 플라스틱과 같은 재료를 깍거나 붙여서 만드는 제품이라고

---

01 임시 가공으로 모형을 만드는 작업

볼 수 있습니다. 보통은 실제의 제품이 나오기 전에 만드는 제품으로 제작하는 경우가 많습니다. 그런데 목업은 CAD 설계나 수작업으로 제작을 해야 하기 때문에 목업을 전문으로 제작하는 업체를 이용해야 합니다. 또한 목업을 제작하는 비용이 적지 않다는 점도 생각해야 합니다.

요즘에 나오는 제품들은 좋은 디자인을 위해 많은 시간을 투자하고 있습니다. 그러다보니 업체마다 디자인 경쟁이 심해져 또 다른 좋은 디자인의 제품들이 계속해서 나오죠. 그에 따라 소비자들이 선호하는 디자인도 빨리 바뀌고 있습니다. 그래서 시장에 제품을 내놓는 시기와 디자인에 대한 검증이 빨리 이루어져야 좋은 제품이라는 말을 들을 수 있습니다. 그러기 위해서는 빨리 만들어 시험을 해봐야 하고 검증해봐야 합니다.

빨리 만들어보기 위해서는 목업도 좋지만, 요즘에는 3D 프린터를 이용하는 경우가 많아졌습니다. 3D 프린터는 오래된 기술이고 그동안 이용되어 왔지만 요즘처럼 대중화되지는 못했죠. 그런데 3D 프린터가 소형화되면서 예전 것들에 비해 공간을 많이 필요로 하지 않습니다. 그리고 제작하는 비용이 목업에 비해 훨씬 저렴하죠. 그래서 많은 기업들이 3D 프린터의 도입을 준비하고 있으며 이미 도입하여 이용하는 기업들도 있습니다.

3D 프린터는 이미 오래된 기술이지만

　3D 프린터와 관련해서 필자가 경험한 일도 있습니다. 필자의 회사는 외국에 있는 업체와 협업으로 진행하는 프로젝트가 있었는데요. 그때 제품을 고정하기 위한 기구가 필요했습니다. 그래서 저희는 직접 만들어가며 조립하고 선을 연결하는 등의 작업을 서너 사람이 맡아서 며칠 동안 했죠. 마찬가지로 그 외국업체도 기구가 필요했는데, 그 회사에는 3D 프린터가 있었습니다. 그래서 사이즈와 길이가 모두 꼭 맞는 기구를 쉽게 만들어 내더라구요. 그것도 한 사람이 여러 개를 말이죠. 인력, 비용, 시간적인 모든 면에서 좋다는 것을 느낄 수 있었던 일이었습니다.

　3D 프린터기는 계속 작아지면서 저렴해지고 있습니다. 곧 일반인들도 쉽게 사용할 수 있지 않을까 생각하는데요. 종이 인쇄를 대신하는 프린터기가 가정 내에서 쉽게 사용되듯이 3D 프린터기가 가정 내에 들어오거나, 인쇄업체에 인쇄를 맡기듯이 자신이 디자인하여 3D 프린팅 업체에 맡길 수도 있을 것입니다.

▲ 컴퓨터로 별 모양의 디자인을 하고 그것을 다운로드하여 3D 프린터를 이용해 제품 디자인을 확인해보고 있습니다. 컴퓨터로 디자인한 3D 파일만 있으면 제품을 만들어 디자인을 바로 확인할 수 있죠.

예를 들어, 남들과 똑같은 휴대폰 케이스가 싫다면 자신이 직접 디자인하여 집에서 3D 프린터기를 이용하여 제작하거나 업체에 맡기는 것이죠. 또한 자신이 디자인한 케이스를 다른 사람들과 공유할 수도 있습니다.

　　처음 3D 프린터가 이야기되었을 때 가장 기대하던 것들도 개인 물품에 관한 것들이었습니다. 가장 많이 나왔던 이야기가 맞춤형 신발을 제작하는 것이었고 핸드폰 케이스나 옷을 원하는 디자인과 자신의 사이즈에 맞춰서 만드는 것이었습니다. 그만큼 개인화에 관심이 많은 것이라 할 수 있겠죠.

　　앞으로 3D 프린터들도 업체들이 경쟁을 하다보면 가격이 저렴해질 것이고 그렇게 되면 종이 프린터기처럼 가정에 설치될 것이라 생각할 수도 있습니다. 그런데 3D 프린터기는 종류가 다양하고 품질도 다르기 때문에 무작정 구매하여 사용하면 실망을 할 수도 있습니다.

　　그렇다면 현시점에서 3D 프린터기는 어떻게 사용될 수 있고 동작은 어떻게 되는지 알아 둘 필요가 있는데요. 그에 관한 내용들을 다음 절부터 이야기해 보겠습니다.

나도 만들어 볼까?

3D 프린터기가 집에 있다면, 부러진 장난감의 바퀴나 가구 받침대, 열쇠고리 등 원하는 형태를 저렴한 가격에 만들 수 있죠.

무엇이든 만들어내는 3D 프린팅

필자의 집에는 몇년 안 쓴 오디오가 있습니다. 소리가 좋아 노래를 듣거나 영화를 볼 때 많이 쓰던 오디오인데요. 오디오의 볼륨 조절용 스위치가 부러지면서 조절을 못하게 되었습니다. 플라스틱으로 된 스위치 하나 때문에 오디오를 못쓰고 있는 것이죠. 그런데 다행히도 저희 집에는 3D 프린터기가 있었습니다. 그래서 혹시 오디오를 제작한 회사에서 볼륨 조절용 스위치에 관한 모델링 데이터[02]를 제공하지 않을까 하고 검색해 보았죠. 역시나 그에 대한 데이터를 구할 수 있었습니다. 그 데이터는 볼륨 조절 스위치의 크기나 모양을 나타내기 때문에 똑같은 것을 만들 수가 있는데요. 그래서 그 데이터를 다운로드 받은

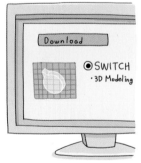

▲ 3D 프린터를 이용하면 떨어져나간 오디오 버튼의 3D 모델링 데이터를 찾아 다운로드 하여 간단하게 똑같은 부속품을 만들어 낼 수 있습니다.

---

02 어떤 물체의 형태를 컴퓨터나 전자장치에서 인식할 수 있게 만들어진 데이터

다음에 집에 있는 3D 프린터기로 찍어내었습니다. 그래서 다시 오디오에 조립해 봤더니 꼭 맞아 오디오를 다시 사용할 수 있게 되었습니다. 새로운 오디오를 장만하려면 몇십 만 원에서 몇백 만 원이 들었을 텐데 3D 프린터기 덕분에 몇 백 원정도밖에 안 든 것입니다.

실제로 필자의 집에는 고장난 오디오는 있지만, 3D 프린터기가 없어 가상으로 만든 이야기인데요. 이 이야기는 3D 프린터기만 구매하면 당장이라도 실현 가능한 이야기입니다. 3D 프린터기가 집에 있다면, 부러진 장난감의 바퀴나 가구 받침대, 열쇠고리 등 원하는 형태를 저렴한 가격에 만들 수 있죠.

3D 프린터기의 모습은 인터넷에서 쉽게 찾아볼 수 있습니다. 가끔 길에서 보던 인형 뽑기 기계와도 비슷하게 생겼는데요. 인형 뽑기가 물건을 들어올리는 팔이 좌우로 움직이듯이, 3D 프린터기도 형상을 만드는 헤더가 좌우로 움직이게 되

▲ 3D 프린터와 인형뽑기 기계는 비슷한 움직임을 보입니다

어 있습니다. 대신 인형 뽑기는 팔이 움직이면서 원하는 위치
의 인형을 뽑는 것이고, 3D 프린터는 원하는 위치에 재료를 쌓
는 것이 차이점입니다.

3D 프린터기는 **적층형 제조방식**additive manufacturing[03]으로 부르기
도 합니다. 그 이유가 형상을 만드는 재료를 한층씩 쌓아가며
만드는 방식이기 때문인데요. 적층형 제조방식은 피라미드를
만드는 것과 비슷하다고 할 수 있습니다.

피라미드에 관한 자료를 찾아보면, 피
라미드를 건축할 때 제일 아래 층
에 기초를 다지는 돌들을 놓고
그 위로 한층씩 돌을 쌓아가며

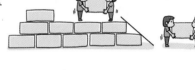

만들었다고 하는데요. 이렇게 한층씩 쌓인 돌
은 그 위의 무거운 돌들을 바치며 결국엔 뿔
모양의 건출물이 완성되는 것입니다.

3D 프린터도 피라미드와 마찬가지의 방
식을 사용합니다. 형상으로 만들 재료를 선택
하여 그 재료를 한 층씩 쌓아가는 것인데요.
그래서 만들려는 형상이 크면 클수록 오랜
기간이 필요합니다.

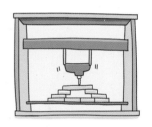

▲ 프린터는 피라미드를 쌓듯 기초
부터 적재해가면서 만듭니다

3D 프린터를 사용하여 만들 수 있는 형상은 재료에 따라
서 장난감이 되거나 의료 보조기구가 되거나 총이 되기도 하는

---

03 wikipedia : http://en.wikipedia.org/wiki/3D_printing#cite_note-engineer-1

데요. 그중에서 플라스틱이 제일 저렴한 재료여서 현재는 가장 많이 사용되는 것 중 하나입니다.

3D 프린터기는 재료에 따라서 할 수 있는 일들이 많이 있는데요. 그 내용은 다음 절에 준비해 두었으니 이번 절에서는 3D 프린터기 자체만 가지고 이야기하겠습니다.

3D 프린터의 동작 방식은 크게 네 가지로 나뉩니다.

1) 녹여서 내려놓는 방식
2) 잘라서 쌓아가는 방식
3) 액체 재료를 굳히는 방식
4) 고체 재료를 붙이는 방식

녹여서 내려놓는 방식(FDM Fused Deposition Modeling)의 프린터기는 가장 저렴하고 쉽게 구할 수 있는 방식의 3D 프린터기입니다. 구조는 크게 플라스틱 재료를 공급하는 필라멘트(플라스틱이 녹기 전의 형태) 공급기와 필라멘트를 녹이는 헤더 그리고 헤더를 움직이고 고정시키는 프레임으로 되어 있습니다.

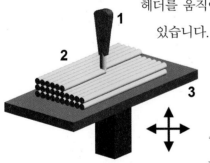

필라멘트는 플라스틱 재료가 얇은 실처럼 이어져 있는 형태를 말합니다. 플라스틱이라는 재료는 쉽게 녹는 재료여서 강한 열로 쉽게 녹일 수가 있는데요. 한층씩 쌓

▲ FDM 프린터의 구조

기 위해서는 재료를 우선 녹여야 하기 때문에 강한 열을 낼 수 있는 헤더가 필요합니다.

헤더가 강한 열을 이용하여 플라스틱을 녹이면 원하는 위치에 놓는 작업도 동시에 하게 됩니다. 이때 녹아있는 플라스틱을 놓음과 함께 이를 굳히는 작업도 필요합니다. 그렇지 않으면 녹아있는 플라스틱이 옆으로 흘러내릴 것이기 때문이죠. 그래서 보통은 헤더 옆에 열을 식히는 팬Fan이 같이 따라다닙니다.

이렇게 필라멘트를 녹여서 원하는 위치에 쌓음과 동시에 펜을 이용하여 굳혀가는 방식이 FDM의 방식인데요. 재료도 저렴하고 구동 방식도 단순하여 인기가 많은 방식이지만, 구조적인 단점을 가지고 있습니다. 바로 모터에 관한 것입니다.

대부분의 헤더는 모터를 사용하여 이동시키는데요. 모터가 원래 정밀도가 떨어지는 것이어서 FDM 방식의 프린터기는 다른 프린터기에 비해서 저렴한 대신에 정밀도는 조금 떨어집니다.

잘라서 쌓아가는 방식(LOM Laminated Object Manufacturing)은 FDM 방식처럼 헤더가 움직여가며 재료를 한층씩 만드는 것이 아니라 한층을 잘라서 만들어 놓고 그 층들을 쌓아가면서 원하는 모형을 제작하는 방식입니다. 예를 들어, 샌드위치와 같이 이미 만들어져 있는 재료들을 쌓아 가면서 하나의 완성품을 만드는 것과 같습니다.

LOM 방식은 종이나 플라스틱과 같이 레이저로 커팅이 가능한 재료들을 사용합니다. 재료로 공급되는 종이나 플라스틱은 한층씩 쌓을 수 있게 판의 형태로 되어 있는데요. 이 판을 한 층을 얹혀서 붙이고 레이저와 같은 장치로 필요없는 부분은 잘라내는 것이죠.

LOM 방식의 장점으로는 종이와 같은 저렴한 재료를 사용할 수가 있다는 것입니다. 그래서 종이 3D 프린터기Paper 3D Printer 라고도 부르기도 하죠. 또 다른 장점으로 레이저를 이용하여 제작하는 것이므로 정교하게 작업을 할 수가 있다는 것입니다. 그러나 레이저를 사용하기 때문에 프린터기의 가격이 비싼편이라는 단점과 필요한 위치만 재료를 쌓는 것이 아니라 종이나 금속과 같은 판을 이용하므로 재료의 낭비가 발생한다는 단점도 있습니다.

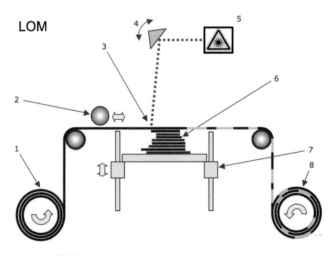

▲ LOM 프린터의 구조

또 다른 방식의 3D 프린터로 액체 재료를 굳히는 방식(SLA^{Stereolithography Apparatus}, DLP^{Digital Light Processing})과 고체 재료를 붙이는 방식(SLS^{Selective Laser Sintering}, SLM^{Selective Laser Melting})이 있습니다. 이들도 FDM 방식의 프린터와 마찬가지로 한층씩 재료를 굳혀가며 형상을 만들어가는 것이지만 열을 이용하여 플라스틱을 녹이는 것이 아니라 레이저와 같은 빛을 사용한다는 점이 다릅니다.

방식	설명
SLA	액체 상태의 재료를 사용하며 레이저로 굳히는 방식
DLP	액체 상태의 재료를 사용하며 빔프로젝트와 같은 빛을 사용하는 방식
SLS	가루 상태의 재료를 사용하며 레이저로 녹여 붙이는 방식
SLM	가루 또는 고체 상태의 재료를 사용하며 레이저로 녹여 붙이는 방식

사용 가능한 재료로는 액체 상태의 플라스틱과 가루 또는 작은 알갱이와 같은 고체상태의 플라스틱이 있는데요. 이 재료들은 열에 의해 굳어지는 것이 아니라 레이저나 빛에 의해 굳는 재료라는 특징이 있습니다.

이해를 쉽게 하기 위해 SLA 방식을 사용하는 프린터기를 살펴보면, 액체 상태의 재료를 사용하는 것이어서 수조와 같은 곳에 재료를 가둬놓고 있습니다. 이 수조에 곧바로 레이저를 투과하면 원하는 형태의 모양으로 만들 수 없기 때문에 한층씩 재료를 굳힐 수 있게 지지대를 사용합니다. 그리고 지지대는 피스톤과 같은 축에 의해서 한층씩 움직이는 것이죠.

SLA, DLP, SLS, SLM과 같은 3D 프린터기들은 레이저나 빛을 사용하여 만드는 방식이어서 다른 방식들에 비해 정밀도가 높지만 비싼 편이라는 점도 생각해 봐야 합니다.

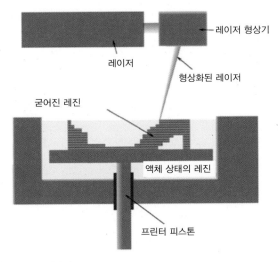

레이저 형상기

레이저

형상화된 레이저

굳어진 레진

액체 상태의 레진

프린터 피스톤

▲ SLA 프린터의 구조

3D 프린팅을 위한 중요한 단계, 모델링

3D로 된 형상을 만들기 위해서는 3D 프린터기 자체도 중요하지만 더 중요한 부분은 프린트하려는 대상을 만드는 것이라고 할 수 있습니다. 3D 프린터기는 단순히 시키는 대로 따라서 움직이는 기계일 뿐입니다. 그래서 재료를 놓아야 할 위치를 알려주고 얼만큼 움직여야 하는지를 알려줘야 하는데요.

그러기 위해서는 3D 프린터기가 알 수 있는 데이터로 만들어 줘야 하며 그 데이터를 모델링 데이터라고 이야기합니다. 모델링 데이터는 모델링 전용 프로그램을 사용하여 그림을 그리듯이 만들어 낼 수 있습니다. 아무래도 처음 사용하는 분들은 걱정할 수도 있는데요. 요즘은 모델링 프로그램들이 많이 쉬워졌고 무료로 사용 가능한 것들이 많이 있기 때문에 자신에게 맞는 프로그램을 선택하면 됩니다. 그리고 그 프로그램들을 위한 교육도 많이 있는데요. 대표적인 프로그램이 구글의 스케치업SketchUp이죠. 그 외에도 AutoCAD 123D, OpenSCAD, FreeCAD 등도 있습니다.

모델링을 얻는 또 다른 방법은 업체에 제작을 의뢰하거나 디자인된 모델링 파일을 이용하는 것입니다. 대표적으로 3D

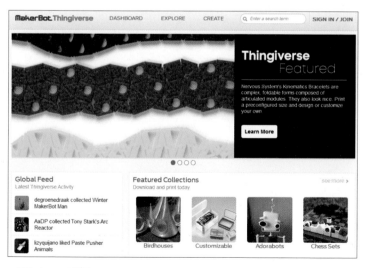

▲ Thingiverse 사이트

프린터를 제작하는 업체인 메이커봇^{MakerBot}이 있는데요. 이곳에서는 모델링 데이터만을 위한 Thingiverse라는 사이트[04]를 운영하고 있습니다.

Thingiverse 사이트에 들어가 보면 많은 모델링 데이터를 볼 수 있습니다. 아마추어분이 만든 것부터 전문 디자이너가 만든 것까지 다양하게 있는데요. 이 사이트는 다른 사람들이 만든 모델링 데이터를 다운받아서 사용하거나 그분들에게 의뢰를 할 수 있도록 되어 있습니다.

우리나라에서도 3D 프린터에 대한 관심이 부쩍 높아졌습니다. 그래서 3D 프린팅 서비스를 이용할 수 있는 곳도 많이 생겼는데요. 3D몬www.3dmon.co.kr과 같은 곳에서는 모델링된 데이터를 온라인으로 보내고 원하는 재질을 선택하여 제작의뢰를 맡길 수 있습니다. 3D몬 사이트도 Thingiverse와 마찬가지로 이미 모델링된 데이터들을 다운로드 받을 수도 있습니다. 물론 의뢰도 가능하구요.

또한 홍대에 가면 3D 프린팅 서비스를 위한 오프라인 매장이 있는데요. 글룩Gluck. http://www.glucklab.com/이라는 업체입니다. 글룩은 4명의 디자이너가 3D 프린터의 가능성을 보고 뭉쳐서 만든 회사라고 소개하고 있습니다. 저도 3D 프린터기가 궁금하여 글룩이라는 회사를 직접 방문해 봤는데요.

글룩의 이자열 PM님과 많은 이야기를 나눌 수 있었습니다. 글룩은 3D 프린터를 이용하여 이익을 추구하기보다 사람

---

04 Thingiverse : http://www.thingiverse.com/

들과의 교류를 중요하게 여긴다고 하는데요. 그래서 3D 프린터가 무엇인지 궁금해하는 사람들 모두에게 친절히 설명해준다고 합니다.

▲ 홍대에 위치한 3D 프린팅 업체 글룩

　3D 프린터기는 단지 글룩이라는 회사에서 사용하는 장비 중 하나일 뿐인데 글룩에 관심을 많이 가져주셔서 감사하다고 하더라고요. 실제로 글룩에 관한 글을 온라인에서 검색해보면 많이 볼 수 있는 글이 '친절한 설명'에 관한 것이었습니다. 이러한 이념 하에 글룩은 3D 프린터기를 직접 볼 수 있게 전시했을 뿐만 아니라 직접 제작할 수 있도록 무료로 교육까지 진행하고 있었는데요.

　글룩의 목표는 카페와 같은 분위기에서 직접 3D 프린터기를 이용할 수 있는 공간을 만드는 것이라고 합니다. 아마도 3D 프린터에 관한 좋은 커뮤니티 장소가 되지 않을까 싶습니다. 3D 프린터에 관심이 많고 궁금한 분들이 직접 방문해 본다면 좋은 경험을 하고 오실 수 있지 않을까 생각합니다.

무한한 가능성의 3D 프린터

자신의 세포들을 이용해서 3D 프린터로 장기를 만들어 낸다면 면역체계에 생기는 문제와 부작용 등이 해결될 수 있다는 것이죠. 또한, 기술이 더 발전하면 똑같은 기능의 장기를 만들되 더 뛰어나게 만들 수도 있을 것이라고 기대합니다.

3D 프린터는 어디까지 와있나

3D 프린터는 재료를 녹여 쌓거나 가공하여 쌓아가는 방식으로 형상을 만듭니다. 그래서 재료에 따라 금속과 같이 단단한 물건이 될 수도 있고 고무와 같이 부드러운 물건이 될 수도 있죠. 그런데, 요즘은 이러한 재료의 범위가 점점 넓어지고 있습니다. 단순히 케이스나 부품을 만드는 일에서 벗어나 금속제품, 초콜릿, 사탕, 과자, 인공 장기까지 시험되고 있습니다.

사실, 3D 프린터는 1980년대에 개발된 후부터 산업 현장에서는 계속 사용되어 오던 것이었습니다. 그렇지만 일반인들에게는 많이 알려지지 않았던 것뿐이죠. 그러다가 3D 프린터를 유명하게 만든 사건이 있었는데요. 바로 권총을 3D 프린터기로 제작하는 것이었습니다. 물

▲ 세계 최초로 Solid Concepts사에서 3D 프린터기로 금속 재질의 권총을 만듦

론 우리나라 이야기는 아니었지만, 실제로 발사까지 성공하여 사회적으로 문제가 될 수 있다고 YTN 뉴스[05]에 나오기도 하였습니다. 개인이 원하는 무기를 만들어낸다고 하니 충분히 이슈가 될 만한 사건이었던 것 같습니다.

3D 프린터로 권총과 같은 금속 재질의 물건을 만들기 위해서는 두 가지의 방법이 사용될 수 있습니다. 점토와 같이 변형이 가능한 금속 혼합물을 이용하는 방법과 쇳가루와 같은 분말을 레이저의 강한 에너지로 녹여 모형을 만드는 방법입니다.

금속 혼합물로는 은점토가 있는데요. 은점토는 액세서리를 만드는 은점토 공예에서 쓰이는 것과 같은 재료입니다. 그래서 은점토 공예의 제작 과정이 3D 프린터로 금속재질의 모형을 만드는 과정과 비슷합니다. 그러면 은점토 공예는 어떤 과정을 거치는지 잠깐 알아볼까요?

은점토 공예의 재료인 은점토는 은과 접착제인 바인더 그리고 물이 혼합된 것으로 찰흙과 비슷하게 생겼습니다. 그래서 찰흙을 주무르듯이 쉽게 모양을 만들 수가 있어 수공예제품으로 인기가 많은 재료 중 한 가지 입니다.

은점토 공예를 하기 위해서는 가장 먼저 필요한 만큼의 은점토를 가지고 원하는 모양대로 만들어야 합니다. 이때 사용하는 방법으로 모양을 낼 수 있는 틀을 이용하거나 손 도구를 이용하여 직접 다듬게 되죠.

---

05 http://www.ytn.co.kr/_ln/0104_201311092210538443

이후에는 만들어진 모형을 오븐과 같은 곳에서 굽는 과정을 거치게 됩니다. 이는 앞서 얘기한 것처럼 은점토가 혼합물로 되어 있기 때문에 그런데요. 굽는 과정을 거치고나면 은만 남고 다른 혼합물들은 증발되어 버립니다. 그결과 은만 남게되고 비로소 시중에서 볼 수 있는 은반지, 은목걸이 등과 같은 금속 액세서리가 되는 것입니다

　　3D 프린터기도 은점토를 이용해서 금속제품을 만들 때는 위와 같은 과정을 거치게 되는데요. 은점토 공예에서 반지나 목걸이처럼 모양을 만들 때 은점토를 다듬을 수 있는 틀을 사용하거나 손도구들을 사용하듯이 3D 프린터기를 사용하여 만드는 것입니다.

▲ 손으로 모형을 만들어 굽듯이 3D 프린터로 모형을 만들어 굽는 과정을 거칩니다

사람들은 은점토 공예를 할 때 컴퓨터로 디자인할 수 있다면, 그리고 그 모형대로 만들 수 있다면 조금 더 정교하고 다양한 모습으로 만들 수 있다고 생각하게 되었죠. 그 도구가 3D 프린터가 된 것입니다. 은점토 공예의 과정과 마찬가지로 3D 프린터기가 은점토를 재료로 사용하고 원하는 모양으로 만들어 굽는 과정을 거치고나면 원하는 모양의 제품으로 만들 수 있었던 것입니다.

3D 프린터로 금속제품을 만드는 또 다른 방법이 있다고 설명했습니다. 쇳가루와 같은 분말을 이용하는 방법인데요. 이때는 레이저와 같은 강한 에너지가 사용됩니다. 쇳가루는 작은 입자여서 강한 에너지에 잘 녹습니다. 그리고 쇳가루가 녹아 쇳물이 되면 서로 들러붙을 수 있죠. 이 원리를 이용하여 3D 프린터기는 금속 제품을 만들게 됩니다. 쇳가루를 얇은 층으로 뿌려놓고 강한 열로 모양을 다듬습니다. 그리고 그 위에 다시 쇳가루를 뿌려 한 층을 더 쌓은 다음에 다시 녹여 붙여가는 것입니다. 이 과정을 반복하면 권총과 같은 금속재료의 물건이 만들어지는데요.

3D 프린터는 컴퓨터로 작업된 모델링 데이터를 사용하고 있어서 정교하게 만들어질 수 있고 모델링 데이터만 있으면 누구나 같은 형태를 쉽게 만들어 낼 수 있습니다. 그래서 권총과 같은 무기의 모델링 데이터가 공유되면 사회 안전에 위협이 될 수 있다는 이야기를 하죠.

다행인지는 모르겠지만 금속 재료를 이용하여 총기를 만드는 장비는 아주 비쌉니다. 총을 사는 것보다 비싸기 때문에 장비를 구매해서 총을 만드는 일은 없을 거라고 이야기들을 하죠. 하지만 일본에서 3D 프린터로 찍어낸 권총이 개인에게서 발견되어 체포되는 일이 있었습니다. 금속 재질의 권총이 아니었음에도 발사가 가능한 것이라고 하니 장비가 비싸서 권총을 만들지 않을 것이라는 생각은 버려야 할 것 같습니다.

다양한 가능성의 3D 프린터

얼마 전부터 전시회에 가면 종종 보게 되는 3D 프린터가 있습니다. 바로, 초컬릿이나 과자와 같이 먹을 수 있는 음식을 만드는 3D 프린터입니다. 초컬릿이나 과자, 사탕 등은 모두 반액체 상태의 재료로부터 만들어집니다. 그 재료들을 원하는 모형으로 만든 후에 굳혀서 먹을 수 있는 음식이 되는 것이죠. 이들은 반액체 상태의 재료여서 3D 프린터기로 다루기가 쉬운데요. 3D 프린터기의 헤더가 원하는 양만큼씩 뽑아낼 수 있다면 원하는 자리에 그 재료를 놓는 일은 어렵지 않기 때문입니다. 그렇게 한층씩 쌓아가면 원하는 모양의 초컬릿이나 과자 및 사탕이 되는 것입니다.

▲ 3D 프린터로 만든 초컬릿들

　또 다른 분야에서 3D 프린터로 시도하는 것으로 바이오 재료를 이용하여 인공장기를 만드는 일도 있습니다. 그야말로 기대가 되는 기술 중에 한 가지인데요. 2012년 벨기에 하셀트 대학의 생의학연구소에서는 환자의 턱뼈를 3D 프린터로 제작하여 이식 수술에 성공한 일이 있습니다. 또한 2013년에는 미국 코넬대 연구팀이 세포와 연골을 이용하여 인공 귀를 만드는데 성공한 일이 있죠. 아직은 동물 실험단계이지만 5년 내로 임상실험을 하겠다고 하니 사고로 귀를 잃으신 환자분들에게 희소식이 될 것 같습니다. 그 외에도 간을 만드는 업체도 있고 심장, 기관지 등 여러 장기들이 시험 중에 있습니다.

▲ 3D 프린터로 정교하게 만든 턱뼈

　사람의 몸은 여러 세포들이 각 장기에 맞게 성장하여 이루어진 조직입니다. 이 세포들을 원하는 형태로 만드는 일을 3D

프린터로 한다는 것인데요. 세포들은 살아있는 생명체와 같아서 서로 닿을 만큼 가져다 놓아도 서로 붙지 않을 수 있습니다. 그래서 배양 과정을 거쳐야 하는데요.

이때, 세포들이 정해진 위치에서 움직이지 않고 자라면서 자리를 잡아 배양될 수 있도록 도와줘야 하며, 그러기 위해서 연골이나 겔을 세포와 함께 사용하여 3D 프린터로 제작하는 것입니다.

바이오 산업에서 사용하는 3D 프린터는 세포를 하나씩 다룰 수 있을 정도로 작은 구멍을 사용합니다. 그래서 3D 프린터에 사용할 세포만 준비하면 되는데요. 여기서 3D 프린터만의 장점이 한 가지 있습니다.

요즘의 장기 이식수술에서 다른 사람의 장기를 이식할 경우에는 면역체계에 문제가 생기는 등의 부작용들이 있습니다. 그런데 자신의 세포들을 이용해서 3D 프린터로 장기를 만들어낸다면 면역체계에 생기는 문제와 부작용 등이 해결될 수 있다는 것이죠. 또한 기술이 더 발전하면 똑같은 기능의 장기를 만들되 더 뛰어나게 만들 수도 있을 것이라고 기대합니다.

지금까지 의료산업에서는 3D 프린터를 활용한 사례는 연골이나 뼈와 같이 세포의 구조가 복잡하지 않은 장기들이었습니다. 그럴 수밖에 없었던 이유는 인간의 장기들이 산소와 영양소를 공급해주는 혈액을 필요로 하기 때문인데요. 혈액은 심장에서 공급되어 각 장기들에 공급되어야 하며 이때 장기들에 퍼져있는 모세혈관을 지나야 합니다. 그래서 3D 프린터로 장기를 만들 때는 이 모세혈관들도 만들어 줘야 하죠. 그런데 모세혈관은 크기가 작을 뿐만 아니라 관의 형태로서 피가 흐를 수 있는 공간을 가져야 하고 튼튼해야 합니다. 그런데 이러한 형태를 세포를 쌓는 것만으로 만드는 것이 어렵습니다. 그래서 계속 연구 중인 분야 중 하나이기도 합니다.

3D 프린터는 현재까지는 장점만 있는 것은 아닙니다. 플라스틱을 한층씩 쌓아서 만드는 것이어서 금형으로 압축해서 만들어 내는 것보다는 내구성이 약하다는 단점이 있습니다. 그리고 레이저를 사용한 고급 장비가 아닌 이상에는 표면이 거칠기 때문에 표면을 깎고 색을 입히는 등의 후가공이 필요하죠.

하지만, 현재 인기를 끌고 있는 3D 프린터들은 장비의 가격이 계속 저렴해지고 있고 원하는 디자인을 구현하는데 있어서 싼 가격에 해결할 수 있습니다. 이러한 장점과 제조하는 데 필요한 시간을 절약할 수 있다는 것은 3D 프린터기의 큰 매력일 수밖에 없는데요. 그보다 더 큰 장점이 한 가지 더 있는데, 바로 재료를 아낄 수 있다는 점입니다.

보통의 제조 과정에는 재료가 낭비되는 경우가 많습니다. 보통은 깎아내고 다듬는 과정을 거치기 때문인데요. 3D 프린터로 작업할 경우 원하는 형태를 군더더기 없이 제작할 수 있으므로 재료의 낭비를 줄일 수 있다는 것입니다.

이러한 3D 프린터의 장점과 발전 가능성에 많은 나라와 기업들이 투자를 하고 있는데요. 박근혜대통령은 '3D 프린터로 창조경제의 결실을 이루자'고 했습니다. 미국의 오바마대통령은 '제조산업의 혁명을 이룰 제품이다'라고 했죠. 분명히 제조산업, 특히 소규모 제조산업에 있어서 새로운 바람을 불어넣을 것이라 생각합니다.

또한 어떤 재료가 새롭게 개발되어 놀라운 물건을 보여줄지 기대가 되기도 합니다. 그래서 종이 인쇄프린터기가 생활에 변화를 가져오고 새로운 시장을 만들어 낸것처럼 3D 프린터 또한 큰 변화를 가져온다면 좋겠습니다.

_참고문헌

FDM 방식 : http://en.wikipedia.org/wiki/3D_printing

글로벌 3D 프린터산업 기술 동향 분석(기계저널, 2013. 10., Vol. 53, No. 10)

RepRap 프린터기 조립 : http://reprap.org/wiki/RepRapPro_Huxley

줄기세포란 무엇인가? : http://www.ipscell.com/줄기세포란-무엇인가

GLUCK : http://glucklab.com/shop/main/gluck.php

이것이 알고 싶다

Q. 3D 프린팅이 대중화되면 목업 시장은 거의 없어지는 건가요?

A. 아닙니다.

물론 3D 프린터 때문에 목업 시장이 타격을 입을 수도 있지만 완전히 사라지지는 않을 것입니다. 3D 프린팅은 쉽게 만들어 내고 저렴한 가격에 만들 수 있다는 장점이 있습니다. 하지만 내구성이 약하고 3D 프린터기의 성능에 따라 품질에 많은 차이를 보이는 단점이 있습니다. 반면에 목업 시장은 제작에 많은 시간이 소요되는 단점이 있지만 내구성이 좋고 제작 업체에 따라 실제의 제품과 거의 비슷한 수준으로 만들어 내죠.

결론적으로는 서로 목적이 다른 시장을 타겟으로 상생하지 않을까 생각하며 목업 업체가 3D 프린터를 도입하기도 할 것입니다. 그래서 성능보다 디자인을 검증하기 위한 실물 제작은 3D 프린터를 활용하고 동작을 검증하고 실제의 제품과 가까운 수준을 원할 때는 기존의 방식대로 만들 것이라 생각합니다.

Q. 3D 프린팅 디자인을 공유하고 대신 생산해주는 대표적인 사이트나 기업에는 어떤 곳이 있나요?

A. 3D 프린터의 장점은 모델링 데이터를 공유하여 똑같은 것을 만들어 낼 수 있다는 것이라고 하였습니다. 그래서 3D 프린터를 판매하는 회사나 3D 프린팅 서비스를 제공하는 회사 중에는 모델링 데이터를 공유를 할 수 있는 커뮤니티가 있기도 하는데요. 각 회사의 공통점은 수많은 3D 프린터기를 보유하고 있기 때문에 주문 생산이 가능하다는 것입니다. 그리고 주문시에는 디자인뿐만 아니라 재질도 선택할 수 있는데요. 금속물질부터 플라스틱 및 비닐류까지 각 회사가 보유하고 있는 3D 프린터기에 따라 선택이 가능합니다.

모델링 데이터를 공유할 수 있는 사이트로 메이커봇(MakerBot)의 Thingiverse (http://www.thingiverse.com/)가 있습니다. 메이커봇은 3D 프린터기를 제작하여 판매하는 회사로 유명하지만 디자인을 공유하는 Thingiverse 커뮤니티 사이트로도 유명합니다. Thingiverse에서는 이미 디자인된 모델링 데이터를 다운로드 받거나 업로드할 수 있으며 필요한 디자인이 있으면 의뢰를 할 수도 있습니다. 그래서 모델링 데이터가 필요하지만 모델링 작업을 할 수 없다면 Thingiverse를 이용해 디자인을 의뢰하는 것도 좋은 방법일 수 있습니다.

다음으로 유명한 사이트는 아마존이 있습니다. 아마존은 우리나라의 온라인 쇼핑몰들처럼 쇼핑을 하고 물건을 온라인으로 구매하는 곳입니다. 그런데 다른 점 한 가지는 3D 프린팅에 관한 것인데요. 아마존은 최근에 3D 프린팅 서비스를 추가하였으며 아마존 사이트에서 원하는 디자인을 선택하고 원하는 형태로 바꿔서 주문할 수 있습니다. 그래서 만화 캐릭터와 같은 피규어 제작부터 액세서리까지 다양하게 주문할 수 있는데요.

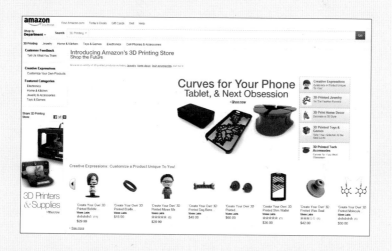

위의 사이트에는 쥬얼리, 인테리어 제품, 장난감, 전자부품, 아바타, 케이스 및 액세서리 등이 준비되어 있습니다. 그중에서 아바타 제품의 경우 온라인으로 직접 원하는 형태를 제작할 수도 있어서 게임속에서 아바타를 만드는 것과 같이 원하는 형태를 만들어 주문이 가능합니다.

우리나라에도 3D 프린팅 서비스를 제공하는 회사들이 있습니다. '3D몬'과 '글룩'이 대표적인데요. 3D몬의 경우는 앞서 소개된 Thingiverse와 같이 주문 제작이 가능하고 '갤러리'를 활용하여 디자인을 공유하거나 의뢰도 할 수 있습니다.

그리고 글룩이라는 회사는 온라인보다 오프라인에서 더 유명한 3D 프린팅 서비스 업체입니다. 3D 프린터기를 처음 접하시거나 궁금하신 분들은 홍익대학교 근처에 위치한 회사를 방문해 보시기 바라며 글룩에서 제공하는 교육에 참여해 보는 것도 좋은 방법이라 생각합니다.

Q. 개인도 3D 프린터를 사용하여 제작할 수 있다고 하는데요. 각 회사들이 판매하는 3D 프린터기는 어떤 차이점이 있으며 어디에 활용할 수 있을까요?

A. 3D 프린터기의 경우 기능과 구조가 단순하여 제작 및 판매하는 업체가 많이 있습니다. 그 크기도 다양하게 찾아 볼 수 있는데요. 이들의 차이점이라고 하면, 품질과 내구성이라고 할 수 있습니다.

개인이 사용하는 3D 프린터기의 경우 대부분이 쌓아서 만들어 가는 FDM 방식입니다. 그 이유는 구조가 가장 단순하면서도 저렴하게 만들 수 있기 때문이죠. 그런데 문제는 품질입니다. FDM 방식의 경우 플라스틱을 녹여서 한 층씩 쌓기 때문에 각 층마다 연결되는 부위가 매끄럽지 못합니다. 그래서 이를 매끄럽게 만들어 주기 위해 사포(Sand Paper)를 사용하여 열심히 다듬어 줘야 합니다. 그런데 이 품질도 각 회사마다 다를 수가 있는데 이는 소프트웨어에 따라 결정되기도 하고 3D 프린터기에 사용된 모터에 따르기도 합니다.

3D 프린터기에서 또다른 중요한 사항으로 내구성이 있습니다. 내구성은 얼마나 고장없이 오래 쓸 수 있느냐를 이야기하는데요. FDM 방식의 3D 프린터기가 한 층씩 쌓는 방식이다 보니 제작하는 데 오랜 시간이 필요합니다. 그 말은 동작하는 데 오랜 시간이 걸리므로 3D 프린터기를 구성하는 부품들 또한 오래 사용할 수 있어야 한다는 말이죠. 그래서 좋은 부품을 사용한 3D 프린터기가 조금 더 오래 사용할 수 있기도 하며 이러한 점이 가격을 결정하기도 합니다.

요즘은 3D 프린터기를 제작하는 업체들이 많아져서 서로 경쟁을 하다보니 품질과 내구성 측면에서 많이 나아진 모습을 보이고 있습니다. 그와 함께 가격도 저렴해져 많은 분들이 사용하고 싶어하는 것 같은데요. 아직까지는 개인이 장비를 도입하여 무엇을 하기보다 중소기업들이 장비를 도입하는 경우가 많은 것 같습니다. 그 이유로 개인이 장비를 사용할 수 있는 부분은 장난감이나 피규어 또는 액세서리를 만드는 것이 대부분이라고 생각하는데요. 이는 온라인에서도 가능한 일이어서 굳이 장비를 살 필요는 없다는 것입니다.

반면에, 회사에서는 제품을 만들면서 디자인을 함께 진행하게 되는데 이때 실물을 확인하는 측면에서 3D 프린터기를 활용하는 것 같습니다. 확인 후 잘못된 부분은 수정하여 다시 확인하고 적용해 보는 등의 일을 빠르게 진행할 수 있죠.

현재의 개인용 3D 프린터기들은 대부분이 플라스틱을 재료로 사용하고 있습니다. 그렇지만 계속적으로 금속이나 다양한 재료를 사용할 수 있는 제품이 출시되고 사용 가능한 모델링 데이터가 많아진다면, 그리고 쉽게 만들 수 있도록 소프트웨어가 좋아지면 소비자 입장에서 선택권이 넓어져 더 많은 분들이 활용하지 않을까 생각합니다.

미래를 바꿀
IT 과학이야기

" <u>IT</u>가 세상을 바꾸며
    책이 세상을 바꾸는 힘을. 믿습니다. "

IT는 하늘도 변화시킨다

_ 플라잉
_ 비행선으로 배달을?!
_ 드론의 기술

플라잉

비행의 기본은 중력을 이겨내면서 하늘에 떠 있어야 하고 그 상태를 유지하며 원하는 방향으로 이동해야 합니다. 그러기 위해서 알아야만 하는 힘의 종류가 몇가지 있는데요. 여기에는 양력, 중력, 항력, 추력이 있습니다.

하늘을 정복하는 꿈

세상에는 타면서 즐길 수 있는 취밋거리가 상당히 많습니다. 스노우 보드, 수상스키, 모터사이클, 자전거, 스쿠버다이빙, 패러글라이딩 등 나열하기조차 힘들 정도로 많이 있죠. 저도 취미로 탈거리들을 좋아합니다. 사실 위에서 나열했던 것들은 필자가 즐겼던 취미들인데요.

▲ 취미의 끝, 패러글라이딩

패러글라이딩은 필자가 직접 소유하지는 못했지만, 친구의 도움으로 즐겼던 것이었습니다. 만약에, 어떤 분이 '취밋거리 중에서 가장 재미있던 게 무엇이었냐?'고 물어본다면 '패러글라이딩이었다'고 말하고 싶습니다. 다른 분들의 말씀을 들어봐도 한결같이 '취미의 끝은 패러글라이딩이다'라고 하더군요.

패러글라이딩은 쉽게 이야기해서 낙하산과 같은 원리인 패러글라이더를 타고 하늘에서 내려오는 것입니다. 일단 하늘로 가야 하기에 패러글라이더를 등에 메고 산으로 올라갑니다. 그리고 바람을 이용하여 패러글라이더를 편 다음, 산에서 땅까지 내려오는 것입니다. 패러글라이딩을 단 한번이라도 즐기기 위해서는 패러글라이더를 산까지 짊어지고 가야 합니다. 산까지 올라가는 시간도 만만치가 않고 힘도 들죠. 그래서 비행기와 같이 육지에서 출발하며 오랫동안 하늘에 떠 있기를 원하는 사람들이 생겨나게 되었고, 그 결과로 모터의 힘으로 패러글라이딩을 즐길 수 있는 '모터 패러글라이딩'도 생겨났습니다.

사람들은 오래 전부터 하늘을 정복하는 꿈을 꾸었습니다. 레오나르도 다빈치는 자신의 논문에서 새의 날개를 본뜬 비행선을 제안하기도 했죠[01]. 이후 영국의 조지 케일리경은 현재 비행선의 모태가 되는 형태를 만들게 되었는데요. 이번 장에서는 날아다니는 것을 이용한 서비스들에 관한 내용을 이야기하려 합니다. 본격적으로 이야기를 시작하기 전에 어떻게 날 수 있는지부터 알 필요가 있겠죠?

---

01 http://en.wikipedia.org/wiki/Codex_on_the_Flight_of_Birds

비행의 기본은 중력을 이겨내면서 하늘에 떠 있어야 하고 그 상태를 유지하며 원하는 방향으로 이동해야 합니다. 그러기 위해서 알아야만 하는 힘의 종류가 몇가지 있는데요. 여기에는 양력, 중력, 항력, 추력이 있습니다.

여러분들은 무지 더운 여름날에 부채나 종이를 흔들어 바람을 만들어 보았을 거라 생각합니다. 부채를 흔들면 왜 바람이 생기는지 생각해 본 적이 있나요? 이를 이해하기 위해서는 공기 압력 즉, 기압에 대해서 생각해 보면 됩니다. 부채를 아래 방향으로 당기면, 지나간 자리는 기압의 변화가 생깁니다. 공기를 끌고 가면서 그 자리의 기압이 주변의 기압에 비해서 약해지는 것이죠. 이렇게 기압차가 생기면 공기가 이동하기 때문에 바람이 불게 되어 있습니다.

예를 들어, 두 사람이 손바닥을 마주하고 서로 밀면 힘이 약한 사람 쪽으로 밀려나게 되겠죠. 마찬가지로, 압력이 높은 곳의 공기는 압력이 낮은 곳으로 이동하기 때문에 높은 압력의 공기들이 부채가 지나간 자리를 메우게 됩니다. 그러면서 바람도 같이 생겨나는 것이어서 부채질을 하면 바람이 만들어지는 것입니다.

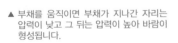

압력이 낮음

▲ 부채를 움직이면 부채가 지나간 자리는 압력이 낮고 그 뒤는 압력이 높아 바람이 형성됩니다.

비행의 과학

　바람이 부는 현상은 자연환경에서도 관찰할 수 있습니다. 바로 해풍과 육풍인데요. 낮에는 햇빛이 강해서 육지가 바다에 비해서 빨리 데워집니다. 그래서 바다에 비해 육지의 온도가 높죠. 육지의 온도가 올라가면 공기도 데워지기 때문에 공기가 하늘로 떠 오르게 되는데요. 즉, 공기가 이동하여 기압이 낮아지는 것입니다.

　반면에, 바다 위의 공기들은 차가운 상태를 유지하고 있어 육지에 비해 기압이 높은 편이죠. 그래서 낮에는 바다에서 육지 쪽으로 바람이 붑니다. 반대로 밤에는 육지의 온도가 식게 되고 바다는 온도를 계속 유지하므로 육지에서 바다 쪽으로 바람이 불죠.

　비행선도 이와 같은 기압의 차이를 이용하고 있습니다. 날개의 상하간에 기압차를 만들어 비행선을 하늘로 띄우고 엔진을 이용하여 앞으로 나가는 것입니다. 여기에는 양력, 중력, 항력, 추력 등의 힘이 존재한다고 이야기했는데요.

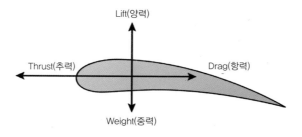

▲ 날개는 양력, 중력, 항력, 추력을 위한 구조로 설계되어 있습니다

양력Lift(끌어 올림)은 하늘로 떠 오르는 힘을 뜻합니다. 비행기 날개의 단면을 살펴보면, 윗면으로 봉긋이 솟아 있다는 것을 알 수 있죠. 이는 날개가 앞쪽으로 달려간다고 할 때, 윗쪽 방향의 공기들을 빠르게 이동하게 만드는데요.

그 결과 윗쪽의 압력이 낮아지는 효과를 만들어 내고 그 때, 날개는 윗쪽면의 압력이 낮아졌으므로 아랫쪽의 높은 압력에 의해 위쪽으로 밀리는 힘이 생기게 됩니다. 그 힘을 양력이라고 부르는 것입니다.

중력Weight(끌어 내림)은 아인슈타인의 일반상대성이론에 따르면, 지구의 질량에 의해 변화된 시공간 속으로 끌리는 힘을 이야기합니다. 즉, 날개가 지구에게 끌리는 힘이어서 지구 방향으로 항상 작용하고 있는 힘입니다. 중력과 양력은 반대쪽으로 작용하는 힘이어서 중력보다 큰 양력을 만들어야만 비행기가 뜰 수 있습니다.

항력Drag(끌림)은 앞으로 나가는 날개에 부딪히는 공기들에 의해 앞으로 나가지 못하게 방해하는 힘입니다. 항력이 너무 강하면 비행기가 앞으로 나가지 못할 것입니다. 그러면 양력 또한 발생하지 못하므로 비행기가 뜨지를 못하겠죠. 그래서 항력을 최대한 줄이기 위해서 날개는 부드러운 유선형을 하고 있습니다.

추력Thrust(돌진함)은 앞으로 나아가는 힘을 말하는데요. 보통은 프로펠러나 엔진의 힘으로 앞으로 나가는 힘을 만듭니다. 날개의 구조는 공기의 흐름을 변화시켜 양력이 발생하도록 만들어졌다고 이야기했습니다. 이때 공기의 흐름을 만들기 위해 앞으로 나가는 추력이 필요하죠. 추력이 너무 약하면 즉, 너무 느리게 달리면 비행기를 들어올릴 만한 양력이 충분하게 발생하지 않을 것입니다. 그리고 항력도 작용하고 있기 때문에 그보다 큰 힘이 필요합니다. 그래서 비행기는 무거울수록 힘이 강한 엔진이 필요하며 일정 속도 이상으로 빨리 달려야만 비행기가 뜰 수 있습니다. 이것이 대형항공사의 비행기들이 경비행기들보다 빠르게 날아가야 하는 이유입니다.

비행기는 추력과 양력으로 하늘에 떠서 앞으로 나가기만 해서는 안 됩니다. 좌우로 방향을 바꾸면서 목적지까지 가야 하죠. 그러기 위해서는 날개를 이용할 수밖에 없는데요. 비행기는 추력의 힘으로 앞으로 나가고 양력의 힘으로 하늘로 뜬다고 했습니다. 만약에 양쪽 날개의 양력은 같으나 한쪽 날개의 추력이 약하면 반대쪽 날개가 더 앞으로 나가려고 할 것입니다. 그러면 한쪽으로 비행기가 방향을 바꾸게 되겠죠.

그러나 추력을 조정하는 것보다 더 쉬운 방법이 있는데요. 바로, 꼬리 날개를 조정하는 것입니다. 평소에는 꼬리 날개의 왼쪽 부분과 오른쪽 부분이 같은 기압을 유지하고 있습니다. 이런 상황에서 한쪽의 기압을 높이게 되면 반대쪽은 상대적으로 기압이 작아지므로 비행기의 꼬리 부분이 한쪽으로 밀리게 될 것입니다. 즉, 꼬리의 기압을 조절하는 것으로 비행기의 방향을 바꿀 수도 있다는 것이죠.

그리고 양쪽 날개의 추력은 같으나 양력에 차이가 나도록 하여 방향을 바꿀 수도 있습니다. 비행기 날개의 양쪽 날개의 추력이 같다면 앞으로 날아가는 힘은 같기 때문에 같은 속도로 날아갈 수가 있죠. 그런데 양력에 차이가 나면 양력이 큰 쪽의 날개가 하늘을 향해 더 올라가려 할 것입니다. 그 결과로 비행기는 기울게 되겠죠. 이렇게 기운 상태에서 양쪽 날개의 양력을 동시에 증가시키면 기운 방향으로 더 빨리 날아가기 때문에 방향을 바꿀 수가 있는 것입니다.

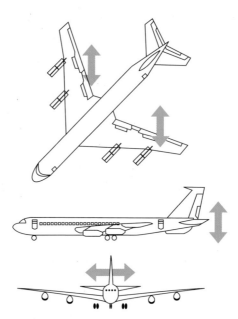

▲ 비행기는 날개의 움직임에 따라 방향이 조종됩니다.

비행기는 방향을 전환하고 이륙과 착륙을 위해 기압을 조절해야만 합니다. 그러기 위해서 비행기는 날개의 모양을 수시로 변경할 수 있는 구조로 되어 있어야 하죠. 그래서 날개의 일부분이 좌우 또는 상하로 움직이도록 되어 있습니다. 만약에 다음에 비행기를 타거나 볼 기회가 되면 방향 전환 시에 날개가 어떻게 움직이는지 관찰해보면 이해가 될 것입니다.

요즘은 하늘을 날 수 있는 비행선이 새로운 형태로 많이 시도되고 있습니다. 그중에 가장 기대하는 형태가 도로와 하늘을 선택적으로 날 수 있는 자동차인데요. 미국의 Terrafugia 사는 2009년에 비행기로 변신하여 날 수 있는 자동차(모델명: Transition(R))를 선보였습니다.

▲ 날개를 가진 자동차는 도로와 하늘을 선택적으로 다닐 수 있습니다

이후 계속해서 새로운 모델이 개발되었고 현재는 배터리와 가솔린을 함께 사용하는 하이브리드 모델(TX-F)까지 오게 되었는데요. 2015년이나 2016년 정도에 소비자들에게 인도할 계획으로 만들어진다고 하니 기대가 큰 물건 중 하나입니다[02].

---

02 월스트리트저널 : http://blogs.wsj.com/drivers-seat/2013/05/06

그 외에도 PAL-V사의 PAL-V One과 같은 헬리콥터의 형태도 있으며 자전거에 프로펠러를 연결한 형태, 모터 사이클에 패러글라이딩을 연결한 형태 등도 만들어지고 있습니다. 이런 비행장치들은 도로 위의 안전뿐만 아니라 하늘에서의 안전, 항공법, 비싼 가격 그리고 활주로의 필요성과 같은 문제가 남아있기는 합니다. 그렇지만 시험비행 등은 이미 성공하였기 때문에 만들어 내는 것은 문제가 아닌 것 같습니다.

앞으로 남아있는 문제들만 잘 해결된다면 자가용 비행기 시대가 열려 주말에 잠깐 제주도에 갔다오는 날도 멀지 않았을 것이라 생각합니다.

비행선으로 배달을?!

배달중이던 드론을 조정해서 다른 위치로 배달을 시킬 수 있습니다. 군사용의 경우 적에게 침투하려던 드론이 되돌아와서 우리를 공격할 수도 있겠죠. 아니면, 비행중인 드론을 납치하거나 조작된 GPS 정보를 드론에게 보내 잘못된 경로로 가게 만들 수도 있습니다.

무인 항공 시대

하늘을 날아 이동하는 방법은 자동차용 도로나 기차선로를 따라 이동하는 일보다 훨씬 빨리 목적지에 도착할 수 있는 방법입니다. 아무래도 갈 수 있는 경로가 다른 경로들보다 짧다는 장점이 있겠고 하늘에서 이동하는 것이 에너지 측면에서 더 효율적이기 때문이겠죠. 그래서 발달한 교통수단이 비행기와 같은 항공기일 것입니다.

그런데 요즘 들어 새로운 시도들이 속속 등장하고 있습니다. 모터가 발달하면서 비행체가 작아질 수 있게 되었고 힘도 좋아지게 되었죠. 그래서 물체를 들 수 있는 팔만 존재한다면 박스와 같은 물건도 들어올릴 수가 있는데요.

이러한 시도는 여러 업체에서 진행되고 있습니다. 아마존에서는 가까운 거리는 비행선을 이용해서 배달을 하겠다고 발표했으며 테스트도 계속 진행중입니다[03]. 그보다 이전에는 도미노피자에서 피자 시험 배달을 성공한 적도 있죠. 그리고 우

03 PrimeAir : http://www.amazon.com/b?node=8037720011

리나라에서는 한국과학기술원KAIST에서 딸기를 배달하는 시범을 보여주기도 했습니다.

▲ 아마존에서 드론으로 배달을 하겠다며 공개한 아마존 프라임에어

이뿐만 아니라 예전에는 뉴스에서나 접할 수 있었던 항공 촬영 영상이 이제는 스포츠나 예능 프로그램에서도 심심치 않게 볼 수 있습니다. 항공 촬영을 위해서는 헬기가 동원되어야 하는데 예전에는 명절과 같은 특별한 날에만 항공 촬영을 하였죠.

그런데 이제는 사람이 직접 운전하는 헬기가 아니라 무선 조정으로 날 수 있는 비행장치들을 이용하고 있습니다. 그래서 직접 가지고 다닐 수 있을 정도로 작기 때문에 원할 때마다 쉽게 촬영을 하고 있습니다. 대표적인 것이 '정글의 법칙'이라는 TV 프로그램이었는데요. 고립되어 있는 상황을 보여주거나 자연경관을 보여줄 때 항공 촬영이 많이 사용되었습니다.

그리고 비행체가 논과 밭에 사용되기도 하는데요. 논과 밭은 농약을 사용하여 해충으로부터 보호해야 합니다. 그런데 워낙 넓은 영역이어서 농약을 살포하는 일이 쉽지는 않은 일이죠. 그래서 헬기와 전문적으로 교육을 받은 조종사를 고용하여 살포를 하기도 합니다. 그렇지만 요즘 들어서는 조종사가 직접 운전하는 헬기가 아니라 무인헬기를 사용하여 농약 살포 작업을 하기도 합니다. 무인헬기를 농약살포에 이용하게 되면 혹시나 모를 사고에서 인명피해가 발생하지 않게 되며 크기가 작기 때문에 유인 헬기에 비해서 촘촘하게 일을 할 수 있다고 하는데요. 무엇보다 큰 장점으로는 조종사와 헬기를 고용하는 일보다 가격이 저렴해서 인기가 좋아지고 있다고 합니다.

그 외에 많이 이야기되고 있는 비행기로는 군사용 무인 항공기, 인명 구조용 정찰기, 손바닥보다 작은 초소형기 그리고 취미용으로 날리는 RC 비행기도 있습니다. 그 중에서 군사용이 가장 유명한 상태라고 볼 수 있는데요. 실전에서 드론이 정찰의 임무와 공격의 임무를 잘 수행하면서 유명해지게 되었습니다. 전투 중에 정찰은 굉장히 중요한 임무이지만 적에게 들킬 위험이 있어 인명 피해가 발생할 수 있습니다. 하지만 드론의 경우에는 인명 피해가 발생하지 않는다는 장점이 있었죠.

사람이 타지 않는 항공기를 무인항공기UAV, Unmanned Aerial Vehicle 또는 드론Drone이라고 부릅니다. 드론에는 고정 날개를 가진 비행기의 형태가 있고 헬리콥터와 같은 형태도 있으며 멀티콥터 (프로펠러를 2개 이상 사용하는 비행체) 형태도 있습니다.

군사용 드론은 헬기형보다는 양쪽에 고정 날개를 사용하는 비행기 형태가 많습니다. 그 이유는 정찰기부터 시작된 용도와도 관련이 있는데요. 헬기형의 경우 수직으로 이착륙하기는 쉽지만 앞으로 나아가는 속도가 빠르지 않아 먼 거리를 이동하기에는 적합하지가 않습니다. 반면에 비행기형은 속도가 빠르고 헬기에 비해서 조용한 편이기 때문에 정찰용으로 만들어지게 되었죠. 군사용 비행기는 많은 최신 기술이 접목된 것이어서 흥미로운 점이 많이 있는데요. 상세한 이야기는 다음 절에서 다루도록 하고 군사용 비행기가 어떻게 이용될 수 있는지 짧은 이야기 하나를 해보겠습니다.

여러분은 서바이벌 게임을 해본 적이 있나요? 서바이벌 게임은 상대편과 우리편을 나눠 페인트 총으로 모의전쟁을 하는 것입니다. 잘 숨어있다가 상대편이 움직이면 총을 쏘기도 하고 이동할 때는 주변에 상대편이 없나 확인하면서 움직이기도 해야 합니다. 만약에 하늘에서 서바이벌 게임장을 내려다볼 수 있다면 어떨까요? 하늘에서는 서바이벌 게임장을 한눈에 살펴볼 수 있어 어디로 이동하면 좋을지 알 수 있을 겁니다. 게다가 나무와 같이 하늘을 가리는 장애물이 없다면 상대편이 어디 있는지 그리고 목표지점은 어디인지 쉽게 찾을 수 있겠죠.

그래서 미국의 경우 범죄가 발생하면 하늘에서 내려다보며 상황을 파악하기 위해 헬기를 띄우는 것입니다. 이는 영화나 드라마에서 많이 보셨을 것이라 생각이 드네요. 만약에 서바이벌 게임 중에 하늘에서 상대편이 어디 있는지 확인만 하는 것이 아니라 페인트 총까지 쏠 수 있다면 더 좋겠죠? 그렇다면 우리 편은 잘 숨어있기만 하면 됩니다. 그리고 누군가가 하늘에서 페인트 총만 잘 쏘면 될 것입니다.

이러한 서바이벌 게임과 같은 일은 실제로 전장에서 일어나고 있는 현실의 이야기입니다.

▲ 드론을 이용하면 지상의 상황을 쉽게 파악할 수 있습니다. 숨어 있는 적도 찾기 쉽겠죠?

미국은 9.11 테러사건을 당한 후 테러리스트를 잡기 위해 노력을 하게 되었는데요. 그때 테러리스트들을 정찰하기 위해 드론을 사용하게 됩니다. 그 이름은 프레데터MQ-1 Predator였으며 [04]1995년부터 실질적으로 사용되었다고 합니다. 드론이 처음으로 운용되고 정찰임무에 성공할 때는 무기가 장착되지 않은 상태여서 테러리스트의 우두머리였던 오사마빈라덴을 찾고서도 후속조치를 할 수가 없었죠. 그래서 이후에 개발된 드론들은 무기를 장착하는 기능을 가지게 되었으며 실제로 전장에서 큰 역할을 할 수 있게 된 것입니다.

---

04 Wikipedia : http://en.wikipedia.org/wiki/General_Atomics_MQ-1_Predator

프로젝트 룬(인터넷 보급 프로젝트)

2014년에 들어서 IT 기업들이 드론과 관련된 소식들을 만들어 내고 있습니다. 대기업인 구글과 페이스북에서 드론을 개발하는 회사를 각자 인수한 일인데요. 구글과 페이스북이 지형이나 경제적인 이유로 인터넷을 사용하지 못하는 모든 사람들에게 어디서나 쉽게 사용할 수 있고 저렴하게 공급하겠다는 계획을 세운 것입니다.

인터넷보급 프로젝트는 구글이 2013년부터 시작하고 있는 것 중 한 가지이기도 합니다. 프로젝트 명은 Project Loon[05]이며 여러 풍선기구들을 상공에 띄워 인터넷을 연결하겠다는 것인데요. 구글 블로그의 설명에 따르면, 예전부터 인터넷 사용이 어려운 장소에 인터넷을 보급하는 시도는 계속되어 왔지만 시스템을 구축하는 데 드는 비용과 유지비용이 많이 필요하다는 문제로 성공사례를 찾아볼 수가 없었죠. 그래서 구글은 저렴하게 구축할 수 있도록 풍선기구를 이용하는 것이 목표라고 합니다.

구글은 풍선기구를 이용하여 2013년부터 뉴질랜드에서 실험을 시작하였습니다. 기구를 띄워 통신까지 성공했으며 현재는 풍선기구가 지구를 한 바퀴 도는 데까지 성공했다고 합니다. 이렇게 풍선 기구 운용이 가능한 상황에서 드론을 제작하는 업체들도 인수하게 되었는데요. 아직까지 어떻게 활용할지에 관한 소식을 들을 수가 없어 궁금한 상황입니다.

---

05 Project Loon : http://www.google.com/loon/

그렇다면 이번에 인수한 드론 제작업체(Titan Aerospace)의 드론을 살펴보면 답이 있지 않을까 하는데요. 이들이 개발 중인 드론의 이름은 'Solrara50'이며 상공 20km에서 비행이 가능하고 50M에 달하는 날개 위에 태양광 패널로 채워져 있다고 합니다. 그래서 태양광으로 충전된 에너지를 사용하여 5년간 비행을 할 계획이라고 합니다.

'Solrara50'과 같은 드론이 5년 동안 하늘을 날게 된다니 대단해 보이는데요. 이렇게 장기간 비행이 가능한 이유가 재미있습니다. Solrara50은 상공 20km에서 비행한다고 했습니다. 이 정도의 높이를 성층권이라고 부르며 성층권을 이용한 비행은 'Project Loon'의 풍선기구도 마찬가지입니다.

▲ Solrara50과 Project Loon

성층권(10KM~50KM)은 그 아래의 대기권에 비해 기류의 변화가 훨씬 적습니다. 그 말은 비행에 방해가 되는 바람이 많이 불지 않는다는 것이며 그래서 안정적인 비행을 할 수가 있다는 것입니다. 우리가 타고다니는 항공사의 비행기들은 9~12km 정도의 높이로 날아 다니는데요. 그 이유도 바람의 영향을 많이 받지 않기 위함이며 성층권의 제일 아래쪽에 해당한다고 합니다.

지구의 표면에서 멀어질수록 공기는 희박해집니다. 그리고 비행기는 공기의 저항을 이겨내며 앞으로 나가야 하죠. 그렇다면 공기가 희박한 성층권으로 가면 어떨까요? 아무래도 공기가 희박하여 앞으로 나가는 힘은 좋아질 것입니다. 그렇지만 공기가 희박하면 비행기를 띄우는 힘도 약해질 것입니다. 그래서 무작정 높이 올라갈 수는 없고 작은 힘에도 띄울 수 있게 날개가 커져야 하는 것이죠.

'Project Loon'의 경우 풍선 기구를 이용하는 이유는 가격도 저렴하지만 성층권에서도 잘 뜨기 위해 가볍고 크기가 큰 구조이기 때문입니다. 그래야 최소한의 에너지로 오랫동안 떠 있을 수가 있습니다. 또한 성층권에서의 비행이 목적인 'Solrara50'의 날개가 큰 점도 마찬가지의 이유이기 때문입니다. 그래서 띄우는 힘(양력)은 최대한 키우고 최소한의 힘으로 앞으로 날아가는(추력) 것입니다.

드론은 갑자기 나타난 기술은 아니지만 급작스레 발전하고 있다는 점은 맞습니다. 그래서 아직까지 군사용이 아닌 상업용 드론의 경우 법적인 문제나 여러 가지 제도가 제대로 갖춰지지 않은 상태죠. 그래서 미국에서는 상업용 드론을 날렸다가 고소와 고발을 당하는 경우도 발생하고 있습니다.

그 외에도 드론이 일반적으로 사용되기 위해서는 생각해봐야 할 사항들이 많이 있습니다. 예를 들어, 드론은 조정을 위해서 무선통신을 이용해야 하는데 무선통신은 눈에 보이지 않을뿐더러 누군가가 도청하거나 조작하여도 모른다는 단점이 있죠. 물론, 보안에 신경을 많이 쓸 테고 많은 테스트를 거칠 것입니다.

그렇지만 누군가가 통신을 방해하는 일은 충분히 생길 수가 있는 일인데요. 방해전파를 계속해서 보내면 드론은 통신을 못하게 될 것이고 그러면 스스로 판단해야 할 것입니다. 원래 계획대로 계속 날아야 할지 돌아와야 할지를 말이죠. 그래서 군사용 드론의 경우 매우 비싼 장비여서 통신이 끊기는 경우 원래의 위치로 돌아오도록 설계가 되어 있다고 합니다.

그렇다면, 어려운 일이긴 하겠지만 무선통신을 해킹해서 드론을 조정할 수 있다면 어떨까요? 간단한 예로, 배달을 드론으로 한다고 할 때 배달 중이던 드론을 조정해서 다른 위치로 배달을 시킬 수 있습니다. 군사용의 경우 적에게 침투하려던

피자 좀 먹어 볼까?

PIZZA

▲ 드론(무선 비행기)으로 피자를 배달시켰는데, 해커가 해킹을 해서 피자를 가로챈다면? 드론을 이용한 배달 서비스는 이런 사고도 일어날 수 있습니다

드론이 되돌아와서 우리를 공격할 수도 있겠죠. 아니면, 비행중인 드론을 납치하거나 조작된 GPS 정보를 드론에게 보내 잘못된 경로로 가게 만들 수도 있습니다.

대충 생각해봐도 여러 가지 문제점이 나올 수 있을 것 같습니다. 이 역시도 군사용 드론은 많은 경험과 노하우로 대비는 해 놓았을 것입니다. 그렇지만 사람이 한 일이라 모든 사항에 대비했다고는 말할 수 없겠죠?

2014년 현재의 드론은 기술적으로나 제도적으로도 많은 부분에 보완이 필요한 사항이 있습니다. 그렇지만 앞서 얘기했듯이 이동이 자유롭고 그에 따라 시간이 절약될 수 있으며 응급 구조 시에도 많은 도움을 줄 수 있죠. 그렇기 때문에 계속적으로 연구 및 개발에 투자가 이루어지고 있는 것인데요.

현재까지는 개인의 취미 수준에서 드론이 많이 사용되고 있지만 일부 기업들이 배달에 이용하려는 점과 인터넷을 공급하기 위해 사용하는 점 등이 새로운 시장을 만들어 내려는 노력으로 보이는데요. 이들의 노력으로 우리의 삶에 변화를 이끌어 낼 수 있을지는 두고 봐야 할 것입니다.

드론의 기술

군사용으로 사용되는 기술들은 결국엔 일반인들에게 이로움을 주는 기술들이 많이 있습니다. 인터넷 기술, 로봇 기술, 통신 기술 등이 있죠. 드론에 사용된 기술들도 이미 일반화된 기술도 있고 앞으로 적용될 기술들도 있습니다

다양한 드론의 세계

전세계적으로 군사용 목적의 드론을 위한 기술 개발에 많은 노력들을 하고 있습니다. 아마도 정찰의 목적, 인명 피해가 발생하지 않는다는 점 그리고 유지 비용이 적게 든다는 점들이 그 이유가 될 텐데요.

군사용 드론은 일반 기업들이 사용하는 드론이나 취미로 볼 수 있는 드론과는 많이 다릅니다. 우선, 크기가 큰 것들이 대부분이고 군사용이므로 내구성이 좋으며 그로 인해 일반 드론보다는 가격이 비싸죠. 그리고 무기가 탑재되어 공격할 수도 있고 스스로 비행해야 하며 정찰을 하거나 목표물을 쫓는 임무도 수행할 수 있어야 합니다. 일반인들이 사용하는 드론과의 공통적인 부분이라고 하면 날개를 가진 비행기의 모습으로 추력과 양력을 이용하여 난다는 것뿐입니다.

군사용 드론은 최신 기술들의 집합체로 볼 수 있습니다. 정찰 및 목표물 추적의 임무를 위해서 카메라를 통해 물체를 인식하거나 통제실에 의해서 조종될 수 있어야 하며 스스로 날아다닐 수도 있어야 하겠죠. 이러한 기술들이 어떻게 동작하게

되는 것인지 알아두면 무인자동차나 그 외의 새로운 아이디어에 적용할 수 있을 것 같아 이번 절을 준비해 보았습니다.

전세계적으로 개발되고 사용되는 드론에는 종류가 많이 있는데요. 형태에 따라 날개형, 헬기형 그리고 멀티콥터형이 있습니다. 그리고 날 수 있는 높이 즉, 고도에 따라 저고도, 중고도 및 고고도로 나뉘기도 하는데요. 고도는 높을수록 조금 더 많은 기술들을 필요로 하기 때문에 대체로 비싸집니다. 그 외에 군사용 드론들의 공통적인 기술들은 크게 4가지로 말씀드릴 수 있는데요. 날으는 기술, 원거리 통신기술, 보는 기술 그리고 지상통제소입니다.

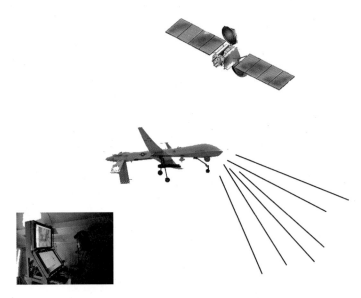

▲ 드론이 가지고 있는 4가지 특징으로는 날으는 기술, 원거리 통신기술, 보는 기술, 지상 통제소입니다.

드론의 핵심 기술

날으는 기술은 일반적으로 날아다니는 비행기가 많으니 간단한 것으로 생각할 수 있습니다. 그래서 날으는 것이 뭐가 어렵겠느냐? 라고 생각할 수도 있지만, 정찰용으로 사용되는 드론들은 날으는 높이가 보통의 비행기들과는 차이가 있죠. 일반 항공기는 10km 상공에서 날아다닌다고 합니다.

반면에 우리나라에서 도입하려고 추진하는 군사용 정찰기 글로벌호크는 일반 항공기의 2배인 20km 상공을 날아다니게 만들어졌습니다. 그러면서도 정찰임무 수행과 함께 30시간 이상 비행할 수 있다는 것이 기술인 것이죠.

그렇다면 상공 20km까지 나는 기술이 왜 어려울까요? 결론부터 얘기하면 환경조건이 지상과는 많이 다르기 때문입니다. 하늘을 올라가면 올라갈수록 기온은 계속 떨어집니다. 게다가 공기도 희박해지는데요. 그렇게 되면 엔진구동에 필요한 산소도 마찬가지로 부족해지게 되죠.

무슨 말이냐면, 드론은 멀리 날고 높이 날기 위해 비행체에 달려있는 엔진의 힘으로 추력과 양력을 얻습니다. 그런데 산소가 부족해지면 엔진이 힘을 내지 못합니다. 그 이유는 엔진의 구조에서 찾을 수 있는데요. 엔진은 가솔린과 같은 연료를 폭발시켜 그 힘으로 움직이는 것인데요. 이때 산소가 부족하면 폭발이 잘 안 됩니다.

그렇다면 폭발이 잘 안 되어 엔진의 힘이 약해지고 결국엔 날으는 힘도 약해지겠죠? 그 결과로 오래 날지도 못하고 높이 날지도 못하는 것입니다. 그러면 연료통을 크게 만들면 되지 않느냐? 라고 생각할 수도 있을 것입니다. 그렇게 되면 연료통이 커져야 하고 연료통이 커져서 무거워지면 그 무게를 이길 수 있게 엔진이 커져 힘이 좋아져야 합니다. 그러다 보면 드론의 몸집도 커지고 등등 모든 게 바뀌어야 합니다. 그래서 낮은 온도와 적은 산소로 엔진을 움직이게 하는 것도 기술력이 되는 것입니다.

날 때 필요한 기술 중에 한 가지는 조종이 있습니다. 하늘에 있으니 특별히 조종이 필요하겠느냐라고 생각할 수도 있습니다. 그렇지만 낮은 고도로 날아가는 드론들은 대개가 속도가 빨라 조금만 잘못된 각도로 날게 되면 땅으로 떨어질 수도 있고 반대로 하늘로 떠올라 버릴 수도 있습니다. 게다가 우리나라와 같이 산이 많은 지형은 부딪히지 않도록 더욱 조심해야겠죠. 그래서 드론들은 자신의 위치를 파악하고 비행 방향을 찾기 위해 GPS를 사용하여 도움을 받게 됩니다.

군사용의 드론들이 사용하는 GPS 정보는 일반인들이 자동차나 스마트폰에서 사용하는 GPS 정보와는 조금 다릅니다. 일반용 GPS는 약10m~50m까지(요즘 내비게이션들은 보정을 통해 훨씬 적은 오차를 보임)의 오차가 있는 반면에 군사 목적의 GPS는 일반인들은 사용할 수 없도록 암호화가 되어 있으며 일반 GPS에 비해 훨씬 정확한 정보를 얻을 수 있습니다. 그로 인해 정확한 방향과 고도를 알아낼 수 있어 비행에 적합하다는 것이죠.

그런데, GPS만으로 위치를 파악하는 방법은 몇 가지의 문제를 가지고 있습니다. GPS 신호는 GPS를 목적으로 쏘아진 위성으로부터 받는 것인데 이 위성이 드론으로부터 너무 먼 곳에 있다는 것입니다.

GPS 위성은 지상에서 2만킬로미터 정도 떨어진 곳에 떠 있다고 이야기하는데요. 이렇게 멀리 있으면 위성이 보내는 신호가 약하기 때문에 그 신호를 키워서 위치를 파악하는 데 사용해야 합니다. 반면에 지상에서 드론까지의 거리는 GPS 위성보다는 훨씬 거리가 가깝죠.

그래서 지상에서 드론이 있는 곳으로 GPS 신호와 똑같은 신호를 임의적으로 만들어서 보낸다면 드론은 실제의 GPS 신호로 인식하여 잘못된 위치를 판단할 수 있다는 것입니다.

예전에 이란에서 미국의 드론을 포획했다고 발표한 적이 있었는데요. 사실 확인은 되지 않았지만, 그들이 말하기를 GPS 신호를 교란시켜서 포획한 것이라고 했었던 방법과 같습니다. 그러나 이렇게 교란시키기 위해 발생시키는 GPS 신호는 반대로 공격 포인트가 되기도 하는데요.

미국은 지상에서 발생되는 GPS 정보를 없애기 위해 이를 발생시키는 시설들을 파괴시키는 작전도 수행한 바 있습니다. 이는 위성에서 발생되는 신호보다 강한 신호를 찾아내거나 교란시키는 신호를 찾아내어 공격하는 것이죠.

드론의 또다른 기술력은 통신입니다. 드론은 분쟁이 일어나는 지역에서 정찰을 하거나 공격하는 것이 목적입니다. 이때 상대방의 공격이나 드론에 문제가 발생해도 인명피해가 없다는 점이 큰 매력이라고 하였죠. 이렇게 되기 위해서는 무선으로 조종이 가능해야 합니다.

드론은 꼭 가까운 거리에서만 무선으로 조정할 수 있는 것이 아니라 수백 km나 떨어진 미국에서 이란 상공에 떠 있는 드론도 조정할 수 있다고 합니다. 이것이 가능한 이유는 위성통신을 이용하기 때문이죠.

위성통신은 말 그대로 지구와 우주의 경계선에서 움직이는 위성과 통신을 하는 것입니다. 위성과 통신할 때 얻게 되는 장점으로 위치에 구속 받지 않고 어디서든 운영 가능하다는 것이 있는데요. 예를 들어, 지상에 있는 통신소와 통신을 한다고 할 때 통신상태를 유지하기 위해서는 드론이 날아가면서 통신소의 방향을 알고 있어야 합니다. 그래야만 안테나를 그쪽 방향으로 집중할 수 있겠죠. 그런데 드론이 날아가다 보면 산과 같은 지형을 만나거나 높은 건물을 만날 수도 있겠죠? 그러한 상황이 되면 드론은 통신을 못하게 되므로 스스로 비행하거나 최악의 경우 추락하게 될 것입니다.

그런데 위성과 통신을 할 수 있는 드론이라면 상황이 다르다고 말할 수 있습니다. 일단 드론보다 훨씬 높은 곳에 위성이 있으므로 그 아래에 있는 드론은 아무런 방해를 받지 않고 위성이 보내는 전파를 받을 수 있을 것입니다. 구름이 드론을 가리지 않냐고 생각할 수도 있을 텐데요. 전파는 구름을 문제없이 통과할 수 있습니다.

▲ 드론이 날아가면서 통신을 해야 하는데 왼쪽은 위성통신을 이용하기 때문에 산이 있어도 통신이 가능합니다. 오른쪽은 지상에서 통신을 하는 방식이어서 산이 가려지면 통신이 안 되는 경우가 발생합니다.

그리고 통신에 사용되는 위성을 통신위성이라고 부르는데요. 우리나라의 무궁화호 같은 위성입니다. 이 통신위성은 지상에서 2만킬로미터나 되는 높은 곳에 떠 있어서 통신 가능한 영역이 크다고 할 수 있습니다. 대충 전파를 보내도 웬만한 지역들은 다 전파를 받을 수가 있는 것입니다.

드론의 또다른 기술력으로 '보는 기술'이 있습니다. 뭔가 보여야 비행할 수가 있고 목표물을 따라갈 수도 있으며 공격도 가능하겠죠? 우리가 흔히 접할 수 있는 보는 기술은 카메라를 이용하여 사물을 보는 것입니다. 카메라는 사람의 눈과 마찬가지로 가시광선을 받아서 디지털 신호로 바꾸는 장치라고 할 수 있는데요. 쉽게 말해서 우리가 사물을 보는 방법과 같은 원리로 빛을 받아들여 컴퓨터나 다른 장치에서 볼 수 있도록 데이터로 만들어 주는 것입니다.

그런데 보는 기술은 가시광선만 가능한 것은 아닙니다. 자연에서 만날 수 있는 동물들은 인간이 받아 들이는 가시광선뿐만 아니라 초음파를 받아 들이기도 하고 적외선을 받아들이기도 합니다.

대표적으로 방울뱀이 있는데요. 적외선이라는 것이 열을 감지할 수 있는 것이어서 빛이 없는 곳에서도 열이 발생하는 물체 즉, 생명체를 찾아낼 수 있는데요. 방울뱀이 이러한 적외선을 볼 수가 있기 때문에 어두운 밤에도 사냥을 할 수 있는 것입니다.

마찬가지의 기술들을 드론도 사용하고 있습니다. 카메라를 이용하여 가시광선을 받아 들이는 것뿐만 아니라 적외선도 받아들일 수 있도록 만들어져 있구요. 거기다가 레이저를 사용하여 사물을 구분하기도 하죠.

드론이 사용하는 적외선 카메라의 원리는 일반 카메라의 것과 같습니다. 단지 차이점이라고 하면 적외선을 볼 수 있게 만들었느냐 아니면 가시광선을 볼 수 있게 만들었느냐 라고 할 수 있는데요. 이런 구분은 빛이 카메라를 통과하면서 거치게 되는 차단필터에 따릅니다. 즉, 적외선 차단필터가 끼워져 있으면 적외선은 걸러지게 되어 가시광선만 볼 수 있게 되구요. 그래서 가시광선을 저장하는 일반 카메라가 됩니다. 반면에 가시광선 차단필터가 끼워져 있으면 가시광선은 차단되므로 적외선을 저장하는 적외선 카메라가 될 수 있죠.

그렇다면, 드론에 사용되는 적외선 카메라는 의외로 간단할 수 있겠죠? 가시광선은 차단하고 적외선만 잘 받아 들이도록 만들면 되는 것입니다. 대신에 일반 카메라보다 적외선을 더 잘 받아 들일 수 있도록 렌즈가 특수 제작되는가 하면 적외선 신호만으로 물체를 구분할 수 있도록 소프트웨어로 분석하는 기술이 사용되죠. 소프트웨어로 분석하는 기술은 중요한 부분이지만 소프트웨어의 기초가 필요한 부분이라 본 책에서는 설명하지 않을 생각입니다. 대신에, 가시광선 이외의 영역은 어떻게 군사용으로 사용될 수 있는지 알아보겠습니다.

지금까지 적외선은 가시광선과 다른 영역을 가진 빛이라는 정도만 말씀드렸습니다. 가시광선은 영역에 따라 빨강, 녹색 그리고 파랑과 같은 색깔들을 가진다고 하였습니다. 마찬가지로 적외선도 각자 다른 영역들을 가질 수 있는데요. 영역이 구분되는 기준은 '뜨겁다', '차갑다'와 같은 열이 관련되어 있습니다.

그래서 열이 발생되는 물체와 그렇지 않은 물체가 함께 있으면, 서로 다른 영역들을 가지게 되므로 어떤 물체가 열이 발생하는 것이고 어떤 물체가 열이 발생하지 않는 물체인지 구분할 수 있죠. 이 원리가 적용된 적외선 카메라는 어두운 밤에도 열이 발생하는 물체와 그렇지 않은 물체를 볼 수 있는 것입니다. 그래서 군사용으로 사용되는 적외선 카메라는 어두운 밤에도 숨어 있는 사람들을 찾아낼 수가 있는 것이고 이런 일은 영화에서 한 번쯤은 보셨을 것이라 생각합니다.

드론의 보는 기술에는 가시광선과 적외선을 이용한 기술이 사용된다고 하였습니다. 그리고 한 가지 더 말씀드렸었는데요. 바로, 레이저를 이용한 기술입니다. 가시광선 카메라와 적외선 카메라는 비슷한 기술이 적용된다고 했었죠? 그런데 레이저를 이용하여 사물을 찾는 방식은 그들과는 좀 다른데요. 가시광선 카메라와 적외선 카메라는 외부에서 발생된 빛이 일방적으로 카메라로 들어오는 것인 반면에, 레이저를 이용하여 보는 기술은 직접 쏘아서 받아들이는 방식입니다. 이런 기술은 레이더나 바닷속 잠수함들이 사용하는 기술이기도 합니다.

그렇다면 도대체 반사되어 돌아오는 레이저로 어떻게 신호를 분석하는 것일까요? 이를 이해하기 위해 한 가지 이야기를 해 보겠습니다.

손에 공을 하나 들고 벽에다가 공을 튕기면 어떻게 되나요? 아마 벽에 부딪혀서 그대로 돌아오겠죠? 반대로 생각해 보면, 공이 되돌아 온다는 것은 앞에 무언가 있기 때문에 부딪혀서 돌아오는 것으로 생각할 수 있습니다. 그렇다면 벽이 조금 멀어지면 어떨까요?

이전에 던졌던 힘과 똑같은 힘으로 그 벽을 향해 던지면 되돌아 오는 공은 거리가 멀어진 만큼 이전보다 늦게 돌아올 것입니다. 만약에 공이 되돌아 오는 시간을 알 수 있다면, 벽이 공을 던진 곳에서 얼마만큼 떨어져 있는지도 알 수 있는데요.

우리는 학교에서 물리시간이나 과학시간에 속도(Velocity)는 시간 나누기 거리(Distance/Time)라고 배웠습니다. 즉,

'속도 = 거리/시간(한시간 단위)'에서 '거리 = 속도×시간(한시간 단위)'으로 바꾸고 공을 던지는 속도와 공이 되돌아오는 시간을 대입하면, 벽까지의 거리를 구할 수 있는 것입니다. 즉, 공을 던지는 사람이 50km/h로 공을 던진다고 생각하고 가까운 거리에서 1초만에 공이 돌아온다면 벽까지의 거리는 50(km)/3600(초) = 13.9m가 될 것입니다. 그렇다면 조금 먼 곳의 벽에 던졌을 때, 공이 3초만에 돌아온다면 50(km)/1200(초) = 41.7이 되므로 41.7m만큼 떨어져 있는 것이 되겠네요.

이렇게 되돌아오는 시간을 안다면 사물의 거리를 판단할 수가 있음을 알았습니다. 마찬가지로 드론에서도 공을 벽에다가 던지는 것과 같이 레이저를 쏘아서 거리를 측정하게 되는데

▲ 레이저 발사기가 레이저를 쏘았을 때, 멀리있는 물체는 레이저가 늦게 돌아오는 반면에 가까운 물체는 빨리 돌아오는 원리를 이용하여 되돌아오는 시간을 측정하면 물체의 거리를 파악할 수 있습니다

요. 레이저를 짧게 쏘아 얼마만큼의 시간이 흐른 뒤에 되돌아 오는지 측정하여 사물의 거리를 판단하는 것입니다.

사물의 거리를 판단하는 일에 레이저를 사용하는 특별한 이유는, 레이저가 굉장히 빠른 주파수와 큰 에너지를 가지고 있기 때문인데요. 이 에너지는 충분히 멀리까지 갔다가 되돌아 올 수 있을 정도로 강한 에너지입니다. 이 에너지로 알 수 있는 정보는 거리뿐만이 아닌데요.

앞선 이야기에서 따로 말씀드리지 않았지만, 벽을 향해 공을 던질 때 딱딱한 벽이라고 가정을 하였습니다. 만약에 이 벽이 딱딱하지 않다면 어떨까요?

딱딱한 벽에 테니스공을 던지면 거리에 따라 약간은 달라질 수 있지만, 강한 힘으로 던진다고 할 때 거의 직선으로 되돌아 올 것이라 예상할 수 있습니다. 그런데 물렁물렁한 고무재질의 벽으로 던진다면 공은 힘이 약해져서 되돌아 오겠죠. 여기서 알 수 있는 점은, 공을 충분히 큰 힘으로 던진다고 할 때 공이 되돌아오는 높낮이로 벽이 딱딱하다 내지는 물렁물렁하다는 정도를 알 수 있다는 것입니다.

이러한 원리를 레이저로 이용한다면 거리뿐만 아니라 사물의 종류도 알아낼 수 있습니다. 그래서 되돌아오는 레이저를 분석하여 전차가 있는 것인지 그냥 땅인 것인지 내지는 사람인지 알 수가 있습니다.

▲ 야구선수 류현진이 단단한 벽에 던졌을 때 튕겨나오는 각도와 고무로 된 벽에 던졌을 때 튕겨나오는 각도는 다릅니다. 이는 벽의 재질에 따라 반사되어 오는 각도가 다르다는 것이고 이러한 원리를 통해 어떤 물체가 있는지 짐작할 수 있습니다

드론에 관한 기술 중 지금까지 말씀드렸던 부분은 사실, 일부에 지나지 않습니다. 대부분이 소프트웨어적인 부분이 많아 책에서 다루지 않았던 것인데요. 요즘의 기술이라고 말하는 분야는 하드웨어만 가지고는 한계가 있어서 소프트웨어로 부족한 부분을 극복하고 있습니다. 그래서 예전에 비해서 소프트웨어의 중요성을 많이 이야기하는 것이며 전세계적으로 소프트웨어 교육을 위한 학교 과목들이 생기는 게 아닌가 생각합니다.

우리나라도 군사목적의 드론을 만들기 위해 많은 노력을 하고 있습니다. 그렇지만 아직까지는 기술적으로 부족한 부분도 많고 다른 나라들에 비해 성능이 떨어지기도 하고 사고도 발생하고 있죠. 이런 사고는 미국도 마찬가지로 있었던 사고들이라 걱정하지는 않습니다. 아무쪼록 드론이 잘 개발되어 우리나라의 기술력을 전세계에 알렸으면 좋겠고, 우리나라를 지키는 데 한몫을 했으면 좋겠습니다.

_참고문헌

비행선 : http://en.wikipedia.org/wiki/Airplane

테라퓨지아 : http://www.terrafugia.com/about

무인항공기의 의미 : http://me2.do/GN2pgCR4

프레데터 : http://en.wikipedia.org/wiki/General_Atomics_MQ-1_Predator

Solrara50 : http://me2.do/FvXgaSZB

이것이 알고 싶다

Q. 드론이 배달을 한다, 상상이 가질 않는데요. 언제 이용이 가능할까요? 그리고 남아 있는 문제는 무엇이 있나요?

A. 도미노피자는 도미콥터(DomiCopter)라는 드론을 이용하여 배달하는 동영상을 공개하였습니다(http://www.youtube.com/watch?v=on4DRTUvst0). 동영상 속의 도미콥터는 8개의 프로펠러를 가진 옥토콥터(Octocopter)였는데요. 프로펠러가 많으면 힘도 좋을뿐더러 안정적으로 비행을 할 수 있기 때문에 사용된 듯합니다. 아직까지 정식적으로 이용 가능한 서비스는 아니고 앞으로의 배달 서비스를 위해 테스트 비행한 것이었죠.

아마존에서도 마찬가지로 드론으로 배달하는 서비스를 준비중에 있습니다. 그러면서 유튜브에 배달장면을 공개하였죠(http://www.youtube.com/watch?v=98Blu9dpwHU). 동영상 속의 드론은 도미콥터와 마찬가지로 8개의 프로펠러를 가졌고 30분 안에 배달하겠다는 의미의 '30 minute delivery'라는 메뉴를 가지고 보여 줍니다. 하늘을 날아서 배달가는 것이니 가까운 거리는 충분히 가능한 시간이겠죠.

그런데 이들은 테스트를 위해 사용된 것들이구요. 아직까지는 드론으로 배달하는 서비스를 개시하기 위해 많은 부분에서 보완이 필요합니다. 우선적으로 RC 비행기와 같은 취미용 비행 외에는 그 나라에서 허가를 받아야 하는데 아직까지 허가를 받지는 못했죠. 그보다 더 필요한 부분은 기술적인 보완인데요.

드론이 누군가에 의해서 조종되는 것이 아니라 스스로 비행하기 위해서는 위치를 정확히 파악할 필요가 있습니다. 그러기 위해서는 GPS와 같은 시스템을 이용할 수밖에 없겠죠. 그런데 책에서도 언급했듯이 GPS는 군사용이 아닌 일반용은 오차를 가지고 있기 때문에 정확한 위치를 파악하기 힘듭니다. 그러면 다른 부분에서 보완을 해야하는데 WiFi나 전화통화용 중계기를 이용하더라도 정확한 위치를 제공해 줄 수는 없습니다.

그리고 안전이라는 큰 문제도 남아 있습니다. 군사 목적의 드론도 비행중에 추락하는 일이 자주 생깁니다. 일반용 드론이라고 그런 문제가 없으라는 법은 없겠죠? 그러기 위해서 안전장치가 충분히 준비되어야 할 것이구요. 비가 오는 날 바람이 많이 부는 날 등 기상 환경에도 대비해야 할 것입니다.

Q. 구글의 Solara50과 Project Loon이 세계를 돌아다닌다고 하였는데요. 그러면 같은 성층권을 이용하는 항공기와 부딪히는 등의 사고가 발생하지 않나요?

A. Solara50과 Project Loon도 같은 성층권에서 비행을 하는 것은 맞지만, 항공기들이 비행하는 높이와는 차이가 있습니다. 성층권은 10km~50km의 구간으로서 넓은 구역을 가지고 있는데요. 항공기는 10km 부근에서 비행하고 있고 Solara50과 Project Loon은 20km 구간에서 비행한다고 합니다. 그래서 현재는 서로 영향을 주지 않는 구역에서 운영을 준비하고 있습니다. 그렇다면 비행 자체는 문제가 없더라도 하늘을 오를 때 항공기와 충돌하지 않는지 걱정할 수도 있겠죠?

우리는 자동차를 운전할 때 정해진 도로만을 달리고 있습니다. 마찬가지로 항공기도 정해진 비행 경로를 따르고 있는데요. Solara50과 Project Loon은 이러한 경로를 파악하여 비행을 준비하는 것이기 때문에 항공기와 충돌할 일도 생기지 않도록 준비하는 것입니다.

Q. 드론은 하드웨어 기술보다는 소프트웨어 기술이 더 중요하다고 하였는데요. 어떤 부분의 소프트웨어를 공부해야 할까요?

A. 드론은 비행하는 기술, 보는 기술, 통신하는 기술 등이 필요합니다. 통신하는 기술은 하드웨어적인 부분을 더 필요로 하지만 나머지 비행하는 기술과 보는 기술은 소프트웨어적인 부분을 많이 필요로 하죠. 대표적으로, 센서 데이터를 이용하여 비행 자세를 제어하는 기술 그리고 카메라를 통해 얻게 되는 데이터를 처리하는 기술이 필요합니다.

비행 자세를 제어하는 기술은 'PID 제어'라는 방식을 많이 사용합니다. PID 제어는 현재의 상태를 계속 감시하면서 다음 행동을 예상하여 동작을 취하는 것이라고 할 수 있습니다. 즉, 드론이 현재 날고 있는 방향과 자세 등을 센서 데이터로부터 받아야 하고 제어했을 때 바뀔 위치를 소프트웨어적으로 예상하여 적용하는 기술입니다. 그래서 소프트웨어가 잘못되어 있으면 비행에 필요한 자세 변경이 잘못 예상될 것이고 그 결과 드론이 추락하는 결과를 만들 수도 있습니다.

이 부분에서 하드웨어보다 소프트웨어가 중요하다고 이야기하는 이유는, 드론에 사용된 모터의 힘이 각각 차이를 보이거나 어느 부분에 문제가 생기더라도 소프트웨어가 잘 만들어져 있으면 이를 극복하고 비행을 할 수 있는데요. 예를 들어, 드론의 8개 프로펠러 중 1개가 고장나더라도 7개의 프로펠러를 적절히 조종하면 비상착륙이나 복귀를 할 수 있다는 것입니다.

그리고 카메라를 통한 '보는 기술'도 소프트웨어의 힘이 필요한데요. 이는 사람이 눈을 통해 사물을 판단하는 것과 같습니다. 즉, 카메라는 단순한 하드웨어로써 가시광선을 데이터로 받아 들이며 소프트웨어가 이 데이터를 사용하여 사물을 판단하고 추적하는 것입니다. 그러기 위해서는 신호처리라는 기술이 사용되고 있죠.

신호처리는 카메라 영상과 같은 영상신호나 음성신호 등을 분석하는 일에 사용되는데요. 신호들 속에서 원하는 정보를 찾아내는 기술이라고 할 수 있습니다. 예를 들어, 요즘 스마트폰에는 얼굴을 인식하는 기능이 있습니다. 그래서 인물사진을 찍고나면 사람의 얼굴에 사각형이 그려지고 어떤 인물인지 인식하거나 써놓도록 하고 있죠. 또한 고급 이어폰에는 노래를 더 잘 들을 수 있도록 외부의 잡음을 없애는 기능을 가지고 있습니다. 이러한 처리들이 모두 신호처리 기술에 해당됩니다.

소프트웨어의 기술은 정해진 하드웨어에서도 계속적으로 개선될 수 있는 부분이 많습니다. 그래서 현재까지 개발되어 사용되는 기술이 전부라고 말할 수 없는 것이고 지속적으로 개발이 필요한 분야인데요. 물론, 소프트웨어도 잘 만들어진 하드웨어 속에서 훨씬 잘 동작할 수 있다는 점을 잊어서는 안 될 것입니다.

미래를 바꿀
IT 과학이야기

" <u>IT</u>가 세상을 바꾸며
책이 세상을 바꾸는 힘을 믿습니다. "

무선 통신은
어디까지 갈 것인가

_ 유선으로부터의 자유
_ 내 손안의 무선통신
_ 무선은 통신만 하는 게 아니다

유선으로부터의 자유

무선통신은 연못의 물결을 상대방에게 보내 메시지를 전달할 때, 10초에 몇 개의 물결이 도착하는지 세는 것처럼 특정한 약속을 정하고 있습니다.

무선통신은 어떻게 동작하나?

여러분은 주변에 얼마나 많은 전자기파가 존재하는지 생각해 본 적이 있나요? 알고보면 수많은 무선기기들 때문에 '전자기파공해'라고 이야기할 정도로 많은 전파들이 날아다닙니다. 잠깐 살펴보면 핸드폰, (무선통신을 사용하는) 신형 리모콘들, 무선 키보드/마우스, 와이파이, 무전기 그리고 블루투스 이어폰 등 많은 제품을 찾아볼 수 있습니다.

전자기파는 눈에 보이지가 않습니다. 그런데 이를 이용하여 상대방과 이야기를 나눌 수 있고 멀리 떨어진 물체를 조정하기도 하죠. 흔히 볼 수 있는 핸드폰을 생각하면 신기할 정도입니다. 그냥 마이크와 스피커가 들어 있는 전자기기가 어떻게 멀리 떨어진 상대방에게 내 목소리를 전하고 상대방 목소리를 듣게 만들어 줄까요? 그러기 위해서는 전자기파가 무엇인지 잠깐 살펴볼 필요가 있습니다.

전자기파는 전기장과 자기장이 서로 작용하면서 주변에 퍼지는 '파장'입니다. 보통은 짧게 '전파'라고 부르기도 하죠. 전기장은 전기가 흐르는 주변에 생기는 현상이고 자기장은 자석의 주변에 생기는 현상인데요. 여러분은 자석의 힘이 강할수록 금속과 같은 물체가 강하게 끌린다는 점을 경험적으로 알 것이라 생각합니다. 이렇게 자석 주변에 생기는 힘을 자기장이라고 부르고요. 마찬가지로, 전기가 흐르는 주변에 전기의 힘이 생기는데 이 힘을 전기장이라고 부르며 자기장과 마찬가지로 강한 전기가 흐를수록 전기장도 강해집니다. 그래서 전기장과 자기장을 이용하는 무선통신은 상대방이 멀어지면 멀어질수록 강한 전기장과 자기장을 만들어야 합니다.

'전자기파'라는 것이 눈에 보이지 않는 것이어서 자세히 설명하려면 이론적인 부분과 수식이 많이 필요합니다. 그래서 '전자기파'를 이해하려면 좀 어려울 수가 있고 지루할 수도 있으므로 본 책에서는 전자기파는 '빛의 한 종류이다' 정도로 생각하고 마무리하는 것이 좋을 것 같네요. 대신, 이번 장에서 설명하려는 무선통신은 전기를 흘려 임의적으로 전자기파를 발생시키는 것이라는 점은 기억하고 있어야 합니다.

핸드폰은 무선통신기기 중에서 가장 유명한 제품이라고 할 수 있습니다. 핸드폰과 같은 무선전화기 이전 시대에는 누군가와 통화를 하기 위해서 공중전화기를 이용하거나 집에 설치된 전화기만 사용해야 했죠.

유선통신은 종이컵으로 전화기를 만들어 옆집과 이야기를 나누는

▲ 누구나 어릴 적 해보았을 종이컵 전화기입니다. 이 전화기는 반드시 선으로 연결되어 있어야 합니다

것처럼 반드시 상대방과 유선으로 연결되어야만 합니다. 종이컵 전화기의 경우는 하나의 선으로 연결하였을 때 일대일로 통화가 가능하고 여러 가닥의 선으로 연결된 경우 일대다 통화도 가능합니다. 그런데 동시에 여러 사람과 이야기를 하는 경우 혼선이 생겨 순서를 지키지 않으면 서로 이야기를 주고 받기가 힘들죠. 그리고 종이컵을 서로 연결해 주는 선이 길어지면 소리가 잘 안들리기도 합니다. 그 이유는 선을 타고 가면서 음성이 약해지기 때문입니다.

마찬가지로 유선전화기도 상대방과 선으로 연결되어야만 합니다. 단지 종이컵 전화기로 여러명이 동시에 이용하면 통화가 어렵듯이, 모든 가정이 서로 연결되어 있으면 통화가 어렵기에 KT와 같은 전화국을 거치도록 되어 있습니다. 그리고 선만 연결되어 있다면 멀리 있는 사람과 통화를 할 때 소리가 약해져 있겠죠? 그래서 KT와 같은 전화국은 가정에서 전화국까지 전화선을 설치해 주고 소리도 키워주며 전화국에서 원하는 상대방과 통화할 수 있도록 서로 연결도 해줍니다. 즉 중개인의 역할을 하고 있는 것이죠.

그런데 유선통신은 불편함이 한 가지 있습니다. 가정이나 공중전화기처럼 한 장소에 고정되어 있어야만 하죠. 기술의 발전은 이러한 불편함을 없애 장소의 제약을 없앤 제품을 만들어 냈는데요. 바로, 무선통신을 이용한 가정용 무선전화기였습니다. 무선전화기만 있으면 가정 내에서 어느 장소든 통화가 가능하게 되었구요. 심지어 집주변에서도 가능하게 되었죠. 이런 무선전화기 기술이 계속해서 발전하게 되었고 결국엔 휴대폰까지 오게 된 것입니다.

▲ 유선전화기는 전화국으로 연결되어 있어 장소의 제약을 받습니다. 이런 유선전화기의 불편함을 극복하기 위해 등장한 것이 무선전화기입니다.

요즘엔 무선통신이 전화기에만 사용되는 것이 아니라 무선으로 조종하거나 음악을 듣는 등 여러 분야에서 사용되고 있습니다. 이런 무선통신은 어떻게 눈에 보이지도 않는 연결을 만들어 내는지 궁금하실거라 생각하는데요. 무선통신은 어떤 원리로 동작하는지 이야기와 함께 시작해 보겠습니다.

하나의 연못이 있다고 하겠습니다. 이곳에 돌을 하나 던지면 어떻게 되나요? 돌이 떨어진 그 지점으로부터 물결이 만들어져서 퍼져 나가겠죠? 그 물결은 연못 전체에 퍼져 어딘가에 돌이 떨어졌다는걸 알 수 있게 합니다.

그러면 이번엔 제가 돌에 줄을 매달아 연못에 반쯤 담궈 두겠습니다. 그 상태에서 반대편에 누군가가 연못을 보며 시간을 잰다고 하겠습니다. 그리고 그 사람에게 10초에 물결이 몇 번 오는지 세어 보라고 하겠습니다. 그리고나서 저 역시도 시계를 보며 10초를 셀 것입니다. 제가 연못에 담궈둔 돌을 10초에 크게 4번 튕긴다

▲ 한 사람이 줄에 돌을 매달아 물결을 일으키고 반대편에서는 시간과 물결의 수를 세고 있습니다. 일정 시간 동안 보내는 물결의 수로 메시지를 주고 받을 수도 있겠죠?

면 그 물결이 반대편까지 전달되어 10초 동안에 4번의 물결이 도착하겠죠.

이런 식으로 일정한 시간 동안 보내는 물결의 수를 세면 상대방과 메시지를 주고 받을 수 있습니다. 예를 들어, 제 전화번호를 그 사람에게 전달할 수 있는데요. 010-1111-2222이라는 전화번호를 그 사람에게 전달한다고 할 때, 먼저 그 사람과 약속을 합니다. '시계를 보고 10초동안 물결이 몇번 오는지 확인하여 그 숫자를 기록하라'라고 말입니다. 그리고 저는 10초마다 물결을 만들면 됩니다. 010 1111 2222이라고 말이죠.

즉, 0을 보낼 땐 10초 동안 물결을 보내지 않은 채 가만히 있고 1을 보낼 땐 1번만 물결을 만드는 식으로 말이죠. 그래

서 도착한 물결의 수를 적어 보면 제가 보낸 번호가 되는 것입니다.

무선통신은 연못의 물결을 상대방에게 보내 메시지를 전달할 때, 10초에 몇 개의 물결이 도착하는지 세는 것처럼 특정한 약속을 정하고 있습니다. 여러분은 블루투스, 와이파이(802.11.a/b/n), 지그비 등과 같은 무선통신 기술에 대해 들어보셨을거라 생각하는데요. 이 용어들이 통신을 위한 약속의 이름이라고 할 수 있습니다.

채널	주파수	목적
0	2402 MHz	기기를 찾기 위해 사용되는 채널(Advertising)
1	2404 MHz	데이터 통신용 채널
2	2406 MHz	데이터 통신용 채널
...		데이터 통신용 채널
11	2424 MHz	데이터 통신용 채널
12	2426 MHz	기기를 찾기 위해 사용되는 채널(Advertising)
13	2428 MHz	데이터 통신용 채널
...		데이터 통신용 채널
38	2478 MHz	데이터 통신용 채널
39	2480 MHz	기기를 찾기위해 사용되는 채널(Advertising)

예를 들어, 최신의 블루투스 기술인 '블루투스 LE Low Energy'는 www.bluetooth.org에서 약속들을 확인할 수 있는데요. 이

곳의 설명을 따르면, '블루투스 LE는 블루투스 스마트라고도 부르며, GFSK 방식을 사용하여 신호를 해석(변조와 복조)한다'고 되어 있습니다.

그리고 주파수는 2.400GHz~2.4835GHz까지 사용하고[01] 40개의 채널[02]을 가지고 있으며 가 채널별로 목적은 앞에 나온 표와 같다고 되어 있네요. 표에서는 주파수니 채널이니 이런 용어들이 나오는데요. 당장에는 중요한 것이 아니니 깊이 생각하지 말고 계속 읽어 나가기 바랍니다.

대신, 블루투스의 프로토콜에 관해 분석하고 구조를 알고 싶은 분들은 w.bluetooth.org의 'Bluetooth v4.0 specification'[03] 문서를 보면 도움이 된다고 말씀드리고 싶네요.

무선통신은 연못에서 물결을 상대방에게 전달하는 것처럼 전자기파를 이용하여 통신하는 것입니다. 전자기파는 제품 내부에서 만들어져서 안테나를 통해 공중으로 날아가는데요. 전자기파는 눈에 보이지 않는 것이기 때문에 처음 발견 당시에도 '전자기파는 있다'와 '전자기파는 없다'는 주장이 다투었죠.

---

01 From Wikipedia : http://en.wikipedia.org/wiki/Bluetooth_low_energy

02 주파수 영역을 40개의 구간으로 나누어 사용한다는 의미

03 https://www.bluetooth.org/en-us/specification/adopted-specifications

▲ 전자기파는 안테나를 통해 공중으로 퍼져나가며 이를 통해 메시지를 주고 받을 수 있습니다

전자기파는 눈에 보이지 않습니다. 그래서 실험으로 전자기파가 존재한다는 것을 증명해야만 했죠. 또한 전자기파를 증명하는 실험에서 전자기파는 공중으로 이동할 수 있어서 한쪽에서 보내면 다른 쪽에서 전자기파를 받을 수 있다는 것을 알게 되었습니다. 또한 거리가 멀어지면 멀어질수록 전자기파가 약해진다는 것도 알게 되었죠.

거리에 영향을 받는 전자기파는 보내는 쪽의 전자기파가 너무 약할 경우 받는 쪽에서 전자기파가 도착했는지 그렇지 않은지 확인할 수가 없게 됩니다. 그 말은 서로 주고 받는 통신을 할 수가 없다는 것이기 때문에 무선통신은 거리가 제한적일 수밖에 없는 것입니다.

거리가 멀어서 신호가 약해지면 그 신호를 아주 강하게 보내야만 합니다. 그런데 강하게 보내려면 그만큼의 전자기파가 강해져야 하기 때문에 전기도 많이 필요로 하게 되는데요. 그렇게되면 강한 전자기파로 인해 다른 장비에 문제를 일으키거나 사람들의 두통을 유발한다고도 하죠. 그래서 각 나라의 정부에서는 무선통신을 위한 신호의 세기를 정해놓고 그 이하에서만 사용하도록 법적인 제한이 있습니다.

그렇기 때문에 무선통신을 사용하는 기기는 법적으로 허가(전파인증)를 받아야 하고 정해진 전자기파의 세기 내에서만 동작해야 합니다. 이러한 제제로 인해 많은 기기들이 무선통신을 사용하고 있고 전파공해 속에서 우리가 살아가지만 큰 문제 없이 지낼 수 있는 것입니다.

내 손안의 무선통신

어느 나라든 무선통신을 하기 위해 특정 주파수를 사용하고 싶으면 그 나라로부터 허가를 받아야 합니다. 그 이유는 전자기파가 눈에 보이지 않기 때문에 아무나 사용한다면 각기 다른 제품들이 방해를 하기 때문이죠.

무선통신의 핵심은 전자기파

전자기파는 전류가 이동하면서 주변에 생기는 '파'라고 합니다. 흔히 전자기파와 같은 의미로 전파라고 부르기도 하죠. 전자기파는 눈으로 볼 수가 없어서 실험적으로 증명된 자료를 참조할 수밖에 없는데요. 그 실험은 독일의 하인리히 헤르츠라는 사람에 의해 진행되었고 전자기파의 존재가 증명되었습니다. 여러분은 헤르츠라는 단위를 들어보셨죠? '주파수가 ○○ 헤르츠^{Hz}다'는 식으로 이야기하는데 이 단위가 하인리히 헤르츠의 이름에서 따온 것입니다.

헤르츠라는 단위는 1초의 시간동안 진동하는 횟수를 이야기합니다. 즉, 1초 동안에 움직였다가 제자리까지 돌아오는 횟수를 이야기하는 것이죠. 그래서 1Hz라고하면 1초에 한번 움직인 게 되는 것이고 60Hz라고 하면 1초에 60번을 움직인 것입니다.

1초에 1번 = 1Hz

1초에 60번 = 60Hz

▲ 추가 1초 동안 한번 움직여 제자리로 돌아오면 1Hz를 나타내고 선풍기 날개가 1초에 60번을 움직여 제자리로 돌아오면 60Hz로 표기합니다. 헤르츠는 1초 동안 움직여 제자리로 돌아올 때까지 움직인 횟수를 의미합니다.

　요즘 무선통신에서는 2.4GHz(GHz는 10의 9승) 내지는 그 이상을 많이 쓰고 있습니다. 1Hz 또는 60Hz보다 엄청나게 빠른 주파수죠? 왜 이렇게 빠른 주파수를 사용할 수밖에 없는지 이유가 있는데요. 그건 법적인 문제와 관련이 있습니다.

　어느 나라든 무선통신을 하기 위해 특정 주파수를 사용하고 싶으면 그 나라로부터 허가를 받아야 합니다. 그 이유는 전자기파가 눈에 보이지 않기 때문에 아무나 사용한다면 각기 다른 제품들이 서로 방해를 하기 때문이죠.

　예를 들어 학교 운동장을 수업 시간에 개방한다면 누구나 와서 이용할 텐데 이렇게 되면 학교 운동장에서 수업해야 할 학생들이 제대로 수업을 할 수가 없겠죠? 그래서 학교에서는 수업시간에 학교 운동장을 개방하지 않는 것입니다.

마찬가지로, 주파수도 나라에서 관리하고 있는데 아무나 무선통신을 사용하지 못하게 하고 특정 시험항목들을 통과해야만 사용허가(전파인증)를 합니다. 그래서 모든 무선통신 제품에는 그 나라에서 인증했다는 전파인증마크가 붙는 것인데요. 우리나라에는 KC 인증이 있습니다.

주파수 중에는 상업용 주파수라고 해서 특정 주파수 영역을 정하고 통신사와 같은 기업들에게 판매를 하는 경우도 있습니다. 그러면 그 주파수는 특정기업의 독점으로 이용되는데요. 보통은 주파수를 판매할 때 경매방식으로 이루어집니다. 참고로, LTE-A 때문에 KT, SKT, LG에서 경매에 사용한 금액은 각각 9001억, 1조 500억, 4788억원씩(미래창조과학부 발표)이었습니다.

주파수는 각 나라에서 사용 용도에 맞게 배분하게 되는데요. 각 나라마다 앞서 말씀드린 전파의 강도와 같은 기준도 다르죠. 그래서 무선제품을 하나 가지고 있으면 그 제품이 어떤 나라에서는 사용 가능한데 또 다른 나라에서는 사용하지 못하는 수도 있습니다. 그렇지만 다행히도 모든 주파수가 각 나라마다 다른 것은 아닙니다. 특정 주파수 영역을 정해놓고 전세계 어디에서나 같은 목적으로 사용할 수 있는 주파수가 있는데요. 산업용, 과학기술 및 의료용으로 사용할 수 있는 주파수 영역이며 이름은 ISM industrial, scientific and medical[04]이라고 부릅니다.

---

04 ISM 영역도 한 주파수만 있는 것이 아니어서 일부 나라들만 허용되는 ISM 영역도 있습니다.

▲ 우리나라의 주파수 판매는 방통위에서 경매를 합니다. 보통 나라마다 다른 주파수를 쓰지만 전세계가 공통으로 사용하도록 정해놓은 주파수 영역인 ISM도 있습니다.

ISM 영역은 각 나라마다 다른 주파수를 가지기도 하고 전세계가 공통적으로 정해 놓은 ISM 영역이 있기도 합니다. 그 중에 하나가 여러분들이 잘 알고 있는 2.4GHz 영역입니다. 그래서 무선제품을 만드는 기업은 어느 나라에서나 문제없이 사용할 수 있도록 2.4GHz 주파수를 선택한 것이 많은 것입니다.

무선통신은 전자기파를 이용한 것이라는 점도 알겠고 주파수라는 개념도 알겠는데 학교에서 배우는 내용이나 신문이나 잡지에서 봤던 어려운 용어들을 아직까지 보지 못하셨죠? 책에서 보던 복잡한 용어들이야 그렇다치더라도, 통신회사 광고에서 말하는 광대역이니 채널이니 하는 용어들은 어떤 의미일까요?

광대역이라는 말은 대역폭이 넓다는 것을 이야기합니다. 여기서 말하는 대역폭의 의미는 통신할 때 사용되는 주파수들의 간격을 의미합니다. 예를 들어, 1GHz와 1.2GHz의 주파수 2개를 사용해서 통신한다면 이 통신 방식은 대역폭이 0.2GHz(1GHz와 1.2GHz의 차이) 즉, 200MHz(10의 6승)의 대역폭을 사용하여 통신을 하는 것입니다.

그러면 대역폭이 통신이랑 무슨 관계가 있을까요? 결론부터 얘기하면 대역폭이 넓으면 통신 속도를 높여서 사용할 수 있습니다. 그 이유를 연못에서 통신하는 것으로 설명할 수 있는데요.

연못에서 한쪽에는 필자가 서 있고 반대편에 필자의 친구가 서 있다고 하겠습니다. 저는 친구에게 10초 동안 내가 몇 번의 물결을 만들었는지 맞춰 보라고 합니다. 그리고 10Hz짜리 물결을 만들면 즉, 1초에 10번씩 10초 동안 보내면 친구는 총 100번의 물결이 도착했음을 알 것입니다. 그러면 이번에는 100Hz짜리 물결을 만들어서 보낸다면 친구는 총 1000번의 물결이 도착했음을 알 것입니다. 물결을 가지고 통신을 한다고 했으니 10초 동안에 100번의 물결을 보낼 수 있으면 100번의 통신이 가능한 거고 1000번의 물결이 도착하면 1000번의 통신을 할 수 있는 것이라 말할 수 있는데요. 중요한 부분이기에 밧줄을 이용한 이야기를 추가적으로 해보겠습니다.

▲ 밧줄의 진동수로 메시지를 주고 받을 수 있습니다

친구에게 밧줄의 한쪽 끝을 잡으라고 합니다. 그리고 반대쪽에는 제가 서 있는 것이죠. 친구에게 1초마다 밧줄의 진동수를 기록하라고 말하는데 1초 동안 밧줄이 1번 이상 진동했으면 '1'이라고 그 외에는 '0'이라고 적도록 합니다. 그리고 메시지는 아래의 표를 참조하여 해석하도록 합니다.

문자	C	D	E	M	N	⋯	O	P	Q
코드	01101	01011	00110	00010	00011		00111	10111	10001

예를 들어, 친구에게 'Come'이라는 메시지를 보내려면 '01101 00111 00010 00110'으로 보내면 됩니다. 그러면 친구는 그 코드를 표대로 하나씩 적어 나가면 C(01101), O(00111), M(00010), E(00110)이라는 메시지가 도착했음을 아는 것이죠.

친구에게 메시지를 보내고 친구가 해석하는 일까지 성공

했다면, 이는 무선통신이 성공한 것이라고 말할 수 있습니다. 여기서 한번 더 생각해 볼 내용이 있는데요. 바로 통신하는 데 걸린 시간입니다.

친구와 제가 4글자를 주고 받기 위해서는 1초×5(한 글자에 필요한 코드)×4(4글자)의 시간이 필요했으며 총 20초의 시간이 필요했습니다. 이는 1초마다 1번 이상의 진동만 있으면 '1'과 '0'으로 구분할 수 있기 때문에 걸리는 시간인데요. 그렇다면 1초가 아니라 0.1초에 1번 이상 진동하도록 만들면 더 빠른 시간에 통신을 할 수 있겠죠? 즉, 0.1초×5×4가 되어 2초의 시간이면 친구에게 'COME'이라는 글자를 보낼 수 있는 것입니다.

이렇게 0.1초마다 통신을 하고 싶으면 1초에 10번을 진동해야 하므로 10Hz의 주파수로 움직여야 합니다. 그렇다면 100Hz로 진동할 때는 0.2초면 'COME'을 보낼 수 있다는 것과 같겠죠?

그런데 100Hz로 통신하기로 친구와 약속을 했는데 잘못해서 1Hz로 밧줄을 진동시키면 어떨까요? 친구는 0.01초마다 1번 이상의 진동이 있었는지 확인해야 하는데 1Hz로 밧줄이 움직이면 0.01초에는 1번 이상으로 밧줄이 진동할 수 없을 것입니다. 그래서 친구는 0.01초마다 모두 '0'으로 기록하겠죠? 그 말은 친구가 메시지를 제대로 받을 수 없는 결과를 만듭니다. 그래서 통신 프로토콜이라고 부르는 약속을 정하는 것입니다.

▲ 적당한 속도로 밧줄에 진동을 주어야 상대방이 잘 셀 수 있듯이 너무 진동을 많이 주면 상대방이 너무 빨라 셀 수가 없습니다. 같은 원리로 정해진 주파수를 사용하지 않으면 통신을 할 수가 없습니다.

지금까지 친구와 제가 통신하기 위해서 사용하였던 주파수들은 1Hz, 10Hz, 100Hz가 있었습니다. 그리고 1Hz보다는 100Hz를 사용하는 것이 같은 메시지를 전달하더라도 시간이 적게 걸린다는 것을 알았죠. 여기서 언급된 1Hz, 10Hz, 100Hz가 바로 '대역폭'이라고 말하는 것들입니다.

대역폭은 통신할 때 움직일 수 있는 속도로 생각할 수 있는데요. 대역폭이 넓으면 넓을수록 통신을 빠르게 할 수가 있는 것과 같습니다. 그래서 통신회사에서 이야기하는 '광대역'이 빠르다고 이야기하는 것입니다. '2배 빠른 LTE-A'는 대역폭이 이전에 비해서 2배 늘어났다는 것이죠.

중심주파수

무선통신과 관련해서 중요한 내용이 한 가지 더 있습니다. 무선통신을 하는 제품들을 살펴보면 1GHz, 2.4GHz 등과 같이 엄청나게 빠른 주파수를 이야기합니다. 이는 중심주파수라고 하는 것인데요. 대역폭과는 다른 의미로 사용됩니다.

통신의 속도는 대역폭에 의해서 좌우되는 것이 맞지만 무선이 이동하는 데에는 중심주파수가 사용됩니다. 중심주파수를 간단히 이야기하면, 통신에 사용되는 대역폭을 실어 나르는 주파수라고 할 수 있습니다.

즉, 0.1GHz 대역폭으로 통신을 하기 위해서는 '중심주파수'와 합쳐져서 '2.4Ghz + 0.1GHz = 2.5GHz'의 주파수를 사용하는 것과 같습니다. 보내는 쪽에서 2.4GHz의 '중심주파수'에 0.1GHz의 대역폭을 합쳐서 보내면 받는 쪽에서는 '2.4GHz + 0.1GHz'를 받은 후에 '중심주파수'인 2.4GHz를 뺀 다음 '0GHz~0.1GHz'만 사용하여 메시지를 해석하는 것입니다.

예를 들어, 보내는 쪽(송신)에서는 '2.4GHz'라는 고속도로(속도제한 0.1GHz)를 이용하여 차를 보내고 받는 쪽(수신)에서는 '2.4GHz' 고속도로를 빠져나온 차들만 받아들이는 것이라 할 수 있습니다. 그리고 고속도로는 '2.4GHz', '1GHz', '400MHz' 등 여러 개가 있을 수 있지만, 서로 다른 고속도로여서 차들이 섞이지는 못하죠.

▲ 중심주파수는 각기 다른 고속도로를 이용하는 것과 같아 서로 영향을 주지 않습니다

    그리고 이 고속도로는 일방통행이어서 반대편에서 오는 차량이 있다면 사고가 발생하게 됩니다. 그 결과는 통신을 못하게 되는 것과 같죠. 그래서 그 고속도로를 이용해서 통신을 할 때는 서로 한 번씩만 차를 보내고 받거나 서로 다른 주파수를 사용하는 고속도로를 만들게 되는 것입니다.

    그렇다면 왜 '중심주파수'를 사용해야 할까요? 간단히 말씀드리면, 고속도로를 따로 분리하여 서로 교통에 문제가 생기지 않게 하듯이 여러 무선기기들이 서로 방해를 받지 않고 통신하기 위함이라고 할 수 있습니다.

    0.1GHz의 대역폭을 사용하려는 무선기기가 이 세상에 하나뿐이라면 0~0.1GHz의 주파수만 있으면 되지만, 모든 무선

기기가 0.1GHz만 사용하려고 하면 서로 방해가 되어 무선기기는 몇 대밖에 못 만들겠죠? 그래서 중심주파수를 옮겨서 서로 다른 목적의 무선기기들이 서로 방해 받지 않고 동작할 수 있도록 하는 것입니다.

이렇게 중심주파수를 서로 다르게 사용하면 가지게 되는 특성이 한 가지 더 있습니다. 앞서 얘기한 내용에 따르면, 중심주파수에 대역폭을 실어 나른다고 하였습니다. 그러면 중심주파수에서 대역폭만큼의 주파수를 모두 사용하게 되는 것인데요. 예를 들어, 2.4GHz의 중심주파수에 0.1GHz의 대역폭을 사용하면 2.4GHz에서 2.5GHz까지 사용하는 것과 같습니다.

여기서 한 가지 생각해보면, 중심주파수를 사용하여 통신할 때, 통신에 사용되는 주파수가 중심주파수에서 크게 벗어나지 않는다는 것입니다. 그래서 전파가 가지는 특성을 그대로 유지하게 되는데요. 그 특성은 전파가 물체에 부딪혔을 때 주파수에 따라 다른 현상을 가진다는 것입니다.

전파는 주파수가 높을수록 직진성이 강합니다. 그 말은 앞으로 나아가려는 힘이 커서 무엇인가에 부딪히면 되돌아오는 힘이 강하다는 것이죠. 반면에 주파수가 낮으면 무엇인가에 부딪히더라도 약간의 굴곡을 가지면서 돌아갑니다.

이러한 현상은 일상 생활에서 확인할 수 있는데요. FM 라디오는 100MHz 근처의 주파수를 사용합니다. 그리고 지금은 거의 찾아볼 수 없지만, 가정용 무선전화기는 900MHz를 많이 사용합니다. 여러분은 경험적으로, FM 라디오는 서울지역 어디에서나 산이나 아파트에 가려져 있더라도 잘 들을 수 있다는 것을 알 겁니다.

반면에, 가정용 무선전화기는 거실에서 잘 들리던 것이 시멘트 벽에 가려지는 곳으로 가기만 하여도 잘 안 들리는데요. 물론, FM 라디오가 무선전파를 강하게 보내는 것도 있지만, 근본적으로는 주파수에 의해서 잘 휘어져서 움직이기 때문에 어디서든 잘 들을 수 있는 것입니다.

무선통신은 지금까지 설명했던 원리와 특성을 가지고 통신을 하게 되는데요. 무선통신은 대부분 누군가와 데이터를 주고 받기 위해 사용되지만, 그 외에도 많은 곳에서 활용되고 있습니다. 이러한 얘기들은 다음 절에서 이어나가려 합니다.

무선은 통신만 하는 게 아니다

무선통신을 할 때 3대 이상의 수신기만 있으면 각각의 전자기파 세기를 측정
하여 위치를 계산할 수 있습니다.

통신은 다양하다

무선제품이 발전하게 된 가장 큰 이유는 통신이라고 할 수
있습니다. 그래서 사람들은 대부분 무선은 통신에만 이용된다
고 생각하는 경향이 있죠. 그러나 알고 보면 다양한 분야에서
사용되고 있습니다.

대형마트에서는 고객들의 동선을 파악해서 물건을 어떻게
배치하면 잘 팔 수 있는지 연구하는데요. 그러기 위해서 어느
제품에 사람들이 많이 몰리는지 체크하고 때로는 카메라, 때로
는 카트로 동선을 파악하기도 합니다.

사람들이 많이 다니는 길목에 잘 팔리는 물건을 가져다 놓
는다면 더 많이 팔 수 있겠죠? 게다가 마트 입구에 과일류를 배
치하여 사람들에게 신선한 물건이 많이 있는 곳으로 인식하게
만들기도 합니다. 고객들은 이러한 마트의 노력을 인지하지 못
한 채 그들이 의도하는 대로 이동하고 있는 것이죠.

마트의 노력은 물건을 잘 팔기 위한 노력만 하지는 않습니
다. 소비자들이 어떤 동선에서 편하게 쇼핑할 수 있는지도 고
려하여 설계와 물건의 배치를 하죠. 그래서 우리가 불편한 것
없이 마음껏(?) 소비를 할 수 있게 해줍니다.

사람들이 이쪽으로 많이 가는구나

식품 ΔΔ마트

▲ 대형마트에서는 사람들의 편안한 쇼핑을 위해 그들의 동선을 파악합니다. 이때도 무선통신 기술을 활용할 수 있죠.

고객들의 동선을 파악하는 일은 꼭 카메라나 사람을 배치하여 확인할 필요가 없습니다. 무선제품을 이용하여 이러한 일들을 해결할 수가 있는데요. 무선통신은 전자기파를 이용하여 정보를 주고받는 것이고 전자기파는 거리가 멀어질수록 약해진다고 하였습니다. 이러한 특징을 이용하면 어느 정도 멀리에서 전자기파가 왔는지 예측할 수 있고 3군데 이상의 장소에서 전자기파를 받게 되면 위치를 파악할 수도 있습니다. 자세한 이야기는 잠시 뒤에 하도록 하겠습니다.

무선통신의 응용 분야

무선통신의 특성을 이용해서 많은 곳에서 응용된 제품이 나오고 있습니다. 보안용으로 사용되는 제품에는 방문자들에게 위치 인식이 가능하도록 배지를 나누어 주고 보안상 금지가 되어있는 장소에 들어간다면 경비실에서 이를 인지하여 그 방문자의 출입을 저지할 수도 있습니다. 그리고 학교와 같은 장소에서는 학교폭력과 같은 범죄가 발생되는데, 이러한 범죄는 학교 내 은밀한 장소에서 많이 발생하고 있습니다. 그래서 그러한 장소에 출입하는 학생이 있다면 학교에서 인지하고 사전에 범죄를 예방할 수도 있죠. 또 다른 예로, 병원 내에서 환자가 이동 중에 갑자기 쓰러지면, 자동으로 위치를 전송하여 의사나 간호사에게 알릴 수도 있습니다. 이렇게 다양한 곳에서 사용될 수 있는 위치 인식의 기능은 어떻게 구현되는 걸까요?

간단히 말씀드리면, 거리가 멀어지면 전자기파가 약해진다는 점을 이용하여 거리를 측정하는 것인데요. 그래서 무선통신을 할 때 3대 이상의 수신기에서 각자 거리를 판단할 수 있다면 위치를 계산할 수 있다는 것입니다.

예를 들어, 1대의 수신기(1번)와 통신을 하고 있고 통신할 때 전자기파의 세기를 알 수 있다면 어느 정도 떨어져 있을 것이라 예상할 수 있는데요. 그러나 어느 방향에서 발생된 것인지는 모르겠죠? 그렇다면 2대의 수신기(1번, 2번)와 통신을 한다면 어떨까요? 훨씬 근접했지만 정확한 위치는 알 수가 없습니다. 그러나 3대의 수신기(1번, 2번, 3번)로부터 구해진 거리가 있다면, 만나는 점은 하나뿐입니다. 그래서 정확한 위치를 구할 수가 있죠.

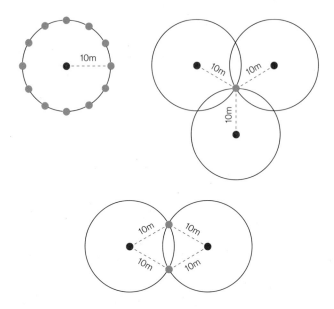

▲ 전자기파를 수신하는 수신기의 개수에 따라 정확한 위치를 파악할 수 있습니다.

예를 들어 보겠습니다. 방문자가 출입구에서 받은 방문자용 배지를 가지고 있다고 할 때, 이 배지는 1초마다 '나는 방문자다'라는 메시지를 무선통신으로 보낸다고 하겠습니다. 즉, 이 배지는 누가 받을지는 모르겠지만 내가 방문자용 배지임을 수시로 알리는 것이죠. 또한 건물 내의 모든 천장에 수신기들이 설치되어 있다고 하겠습니다. 이 수신기들은 배지들이 보내는 신호들을 받을 수 있죠.

특정 시간에 배지가 보내는 신호 즉, '나는 방문자다'라는 메시지는 그 배지가 있는 주변의 많은 수신기들이 동시에 받을 것입니다. 배지의 메시지를 받은 수신기들은 모두 같은 메시지를 받았지만 다른 한 가지가 있습니다. 바로 전자기파의 세기입니다. 각 수신기에서 받아들이는 전자기파의 세기가 아래의 표와 같다고 하겠습니다.

표 1 수신된 전파의 세기

수신기	전자기파의 세기
1번 수신기	30
2번 수신기	10
3번 수신기	40

그리고 아래의 표는 전파의 세기에 따르는 거리의 정보를 나타낸 표입니다.

표 2 전파의 세기와 거리 계산

전파의 세기	거리
10	20미터
20	15미터
30	10미터
40	5미터

위의 두 표를 참조하자면 1번 수신기에서 받은 메시지의 세기는 30입니다. 이를 실제의 거리로 계산해보면 10미터라는 것이죠. 즉, 방향은 잘 모르지만 10미터 거리만큼 떨어져 있다는 것을 알 수 있습니다. 마찬가지로 2번 수신기는 10만큼

의 세기로 받았으므로 20미터만큼 떨어진 거리 그리고 3번 수신기는 40만큼의 세기로 받았으므로 5미터만큼 떨어진 거리에 배지가 있는 것으로 생각할 수 있습니다.

각 수신기에서 수신한 전파의 세기로 배지의 방향은 모르지만 거리는 얼마나 떨어져 있는지 알게 되었습니다. 이 거리 정보를 이용하면 배지의 위치를 알 수 있는데요. 수신기를 중심으로 계산된 거리만큼의 원을 그려보면 만나게 되는 하나의 점이 생길 것입니다. 이 점이 바로 배지의 위치입니다.

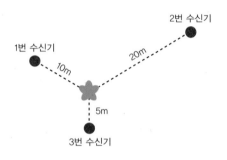

▲ 1번, 2번, 3번 수신기에서 수신한 무선신호의 세기에 따라 거리를 판별할 수 있습니다

무선이 활발히 이용되는 분야가 또 있습니다. 바로 전력 전송 분야라고 할 수 있는데요. 활발하다고 말씀 드리는 이유는 아마도 여러분이 하나씩은 다 가지고 있지 않을까 하기 때문입니다. 바로 교통카드에 관한 것입니다. 교통카드를 자세히 보신 적이 있는지 모르지만 카드의 형태도 있고 액세서리와 같이 귀여운 형태도 있습니다.

이들 속에는 작은 칩이 하나 들어 있는데요. 자세한 내용은 접어두고 간단히 말씀드리면, 칩이라는 장치가 동작하기 위해서는 배터리와 같이 플러스와 마이너스가 한쌍인 전원이 필요합니다. 그 전원에서 나오는 전자들을 이용하여 동작할 수가 있는 것이죠. 핸드폰 속에는 여러 종류의 칩이 들어 있는데 이들은 핸드폰의 전원인 배터리를 이용해서 동작하는 것과 같습니다.

그런데 교통카드를 자세히 보면 배터리가 없어 보입니다. 카드에 배터리가 있지 않냐고 생각할 수도 있지만, 아직까지는 기술적으로 카드만큼 얇은 배터리를 만들지 못했습니다. 교통카드로 사용되는 액세서리도 마찬가지입니다. 그렇다면 칩들은 배터리 같은 전원이 필요하다고 했는데 교통카드 속에 들어있는 칩은 어떻게 동작을 할 수 있을까요?

▲ 칩이 동작하기 위해서는 배터리와 같은 전원이 필요합니다

만약에 교통카드가 배터리와 연결하는 구조를 가지고 있다면, 교통카드에 배터리와 연결되는 컨넥터가 있어야 할 것입니다. 리모콘이나 장난감에 배터리를 넣는 것처럼요. 하지만 교통카드는 그러한 컨넥터조차 없습니다. 그런데도 교통카드가 동작하는 것을 보면 분명히 전원이 공급되고 있는 것이겠죠?

무선통신은 전자기파가 전달되면서 정보를 교환하는 것이라고 하였습니다. 즉, 연못의 한곳에서 물결을 보내면 반대편에서 그 물결을 보고 메시지를 알 수 있는 것이라고 했습니다. 이 연못에서 또다른 실험을 해 보겠습니다.

▲ 물결에 발전기의 팔을 담그면 물결의 힘에 의해서 발전기가 돌아갑니다. 즉 발전기의 팔을 물결에 의해 움직일 수 있도록 만들면 전기를 만들 수 있습니다.

연못의 한쪽에서 물결을 치면 반대쪽에 물결이 전달되는 데요. 이 물결 위에 나뭇잎을 하나 띄워놓겠습니다. 그러면 물결이 도착할 때마다 나뭇잎이 수면 위에서 오르락내리락 하는 것을 볼 수가 있습니다. 이 물결이 강하면 강할수록 나뭇잎이 위아래로 움직이는 거리는 커지죠.

발전기 중에는 손잡이를 돌려서 전기를 생산하는 것이 있습니다. 이 손잡이에 물에 뜰 수 있는 부레와 같은 장치를 달고 물에 띄우면 어떨까요? 아마도 그 손잡이가 오르락내리락 하다 보면 손잡이를 돌리는 것과 같은 효과가 나서 전기가 만들어질 것입니다. 그러면 이 전기에다가 칩을 연결한다면 칩이 동작할 수도 있겠네요. 대신에 손잡이를 움직이는 물결이 너무 약하면 전기가 적게 생산되므로 어느 정도 이상의 강한 물결이 필요합니다.

교통카드는 이러한 이야 기와 같은 원리로 동작합니다. 카드에는 전원이 없지만 전자 기파를 받아들일 수 있는 안테 나가 들어 있습니다. 이 안테 나를 통해서 받아들인 전자기 파가 전원이 되어 칩을 동작시 킬 수 있는 것입니다.

버스에서 교통카드를 대는 곳을 단말기라고 부르는데요. 이 단말기에서 너무 멀리 떨어지면 교통카드가 인식이 안 되는 경험을 하셨을 겁니다. 이는 연못의 물결이 너무 약한 것과 같이 교통카드로 전달되는 전자기파가 너무 약해서 그런 겁니다. 그래서 사람들은 단말기에 교통카드를 바짝 대는 것이죠.

교통카드 중에는 인식이 잘 안 되는 카드들이 있습니다. 이들은 칩에 붙어있는 안테나가 좋지 못하기 때문입니다. 이는 연못에 띄워져 있는 손잡이가 짧아서 아주 큰 물결이 아니면 인식되지 않는 것과 같습니다. 그래서 안테나가 어떻게 만들어 졌느냐에 따라 인식이 잘 되는 것과 안 되는 것으로 나뉘는 것입니다.

무선전력 전송은 교통카드 외에도 많은 곳에서 제품이 나오고 있는데요. 요즘에 핸드폰을 무선충전 한다고 하죠? 핸드폰의 배터리케이스나 내부에 교통카드와 같은 안테나가 들어있는데 교통카드가 동작하는 것과 같은 원리로 배터리를 충전하는 것입니다. 그 외에도 무선충전형 전기버스[05]도 있고 전동칫솔, 전기커피포트 등도 있습니다.

무선충전 제품은 전원선과 같이 지저분해 보이지가 않아서 좋고 한번에 여러 대를 충전할 수도 있습니다. 그러나 무선으로 전력을 보내는 쪽에 비해서 받는 쪽에서는 그만큼의 에너지를 모두 흡수하지를 못하는 단점이 있는데요. 그 결과로 충전속도가 느리다는 점이 있습니다. 그래서 판매되는 일반 무선충전기들은 천천히 충전되는 것들이 대부분입니다.

무선통신은 다른 기술들에 비해서 어렵다고 말을 많이 합니다. 그 이유로 무선통신은 눈에 보이지가 않기 때문이죠. 그래서 측정하고 설계하는 데 필요한 장비들이 많이 생겨나고 그에 따라 소프트웨어 기술들도 발전하고 있습니다.

여러분 중에 무선기술에 관심이 많고 실제로 설계까지 생각하고 계신 분들이 있다면, 많은 공부를 해야 할 텐데요. 책에서 다루었던 내용들은 무선통신에 있어서 가장 기본적인 원리

---

05 http://me2.do/FVgli12l

에 대해서만 말씀드린 것이기 때문에, 안테나 기술도 공부해야 할 것이고 실제로 PCB와 같은 전자기판에 설계하는 기술도 공부하셔야 할 것입니다.

무선기술은 그만큼 공부해야 할 것도 많고 장비의 힘도 빌려야 하기 때문에, 다른 사람들이 쉽게 접근하지 못하는 기술이기도 합니다. 이 얘기는 곧 여러분에게 경쟁력이 되는 기술이기도 한다는 의미겠죠. 게다가 응용하기에 따라 많은 서비스를 만들어 낼 수 있는 분야이기도 합니다. 그러므로 남들보다 한 걸음 나아간다 생각하고 무선통신 분야를 공부하신다면 큰 도움이 될 것이라 생각합니다.

_참고문헌

Bluetooth LE : http://en.wikipedia.org/wiki/Bluetooth_low_energy

주파수 경매 : http://me2.do/lgvzuU5k(ZDNet 기사)

ISM 밴드 : http://en.wikipedia.org/wiki/ISM_band

위치 인식 : http://me2.do/54gn3OQI 미국 특허)

버스카드의 원리 : http://me2.do/GKnDu6hV(한국과학창의재단)

이것이 알고 싶다

Q. 무선 통신을 상당히 재밌게 비유적으로 설명을 했는데요. 대학 전공 서적을 보면 거의 수학 공식으로 이루어져 있더라구요. 수학 공식이 필요한 이유가 무엇인가요?

A. 공학 계통에 있어서 수학은 빠져서는 안 되는 요소중에 하나입니다. 물론, 수학공식만 보면 어렵게 보이고 머리를 아프게 만들 것 같지만 수학을 사용하는 이유만 알고나면 그 필요성에 감탄하게 되는데요.

수학은 자연현상을 설명하는 데 사용되는 언어로 생각할 수 있습니다. 예를 들어, 학교에서 '속도'는 '거리' 나누기 '시간'이라고 배웠죠? 그래서 공식으로 'v(velocity, 속도) = d(distance, 거리) / t(time, 시간)'라고 사용합니다. 이를 말로 설명하자면 이렇게 말할 수 있겠죠.

속도는 얼마나 빠르냐를 보여주는 값입니다. 이 값을 측정하기 위해서는 기준이 필요한데요. 자전거와 사람의 속도를 비교한다고 할 때, 한 시간이라는 기준을 사용할 수 있습니다. 그래서 한 시간동안 얼마만큼의 거리를 갈 수 있는지를 측정하여 속도라고 이야기하는 것입니다.

이와 같은 긴 말을 간단히 공식을 사용하면 'v = d / t'와 같이 쓸 수 있으며 V는 속도, D는 거리, T는 시간이라는 것만 알고 있다면 '아~ 속도는 거리 나누기 시간 이구나' 하고 알 수 있는 것입니다. 또한 수학의 장점으로는 하나의 공식으로 다른 현상도 유도하여 설명할 수 있다는 것입니다. 예를 들어, 'v = d / t'에서 'd = v × t'라는 식을 유도하여 '거리'는 '속도' 곱하기 '시간'이구나 라는 것을 알 수 있는 것이죠.

대학 전공 서적의 공식을 어렵게 느끼는 이유는 공식 안에서 사용되는 기호의 의미를 몰라서 그런 것이라고 봅니다. 예를 들어, 'λ(lambda, 파장) = v(velocity, 속도) / f(frequency, 주파수)'라는 공식은 무선통신에서 전파의 길이를 구하는 기본공식입니다. 여기서 '파장', '속도', '주파수'의 의미를 모른다면 도대체 왜 쓰는지 그리고 어떻게 구하는지 어렵게 느낄 수 있겠죠.

무선통신에 사용되는 안테나를 설계하기 위해서는 전파의 길이 즉, '파장'에 맞춰서 설계를 하는데요. 그래서 '$\lambda = v / f$'의 공식을 사용해야만 합니다. 그러기 위해서는 '속도'와 '주파수'도 함께 알아야 하는데요. '속도'는 전파의 속도이기 때문에 '빛의 속도'와 같은 것이며. 결과적으로, '$\lambda = v / f$'는 'λ(파장) = c(빛의속도) / f(주파수)'와 같이 바뀔 수가 있습니다. 빛의 속도는 3×10^8이고 2.4GHz의 주파수를 사용하는 전파가 있다고 할 때 전파의 길이는 '300,000,000 나누기 2,400,000,000'가 될 것이고 0.125m(미터)의 길이를 가진다는 것을 알 수 있죠. 여러분이 전공서적에서 수학이 어렵게 보인다면 그 책에서 사용되는 기호의 의미를 모르는 것이라고 생각하고 영어와 같이 다른 나라의 언어를 배우듯이 책 속에서 기호의 의미를 잘 찾아 보길 바랍니다. 만약 책의 내용으로 부족하다고 생각되면 그 기호의 의미를 이해할 수 있도록 인터넷이나 다른 책에서 찾아보라고 권하고 싶네요. 그렇게 기호의 의미를 알아가면 수학공식도 어렵게 보이지 않을 것입니다.

Q. 무선통신을 가능케 한 가장 큰 발견은 전자기파라고 하는데요. 이 전자기파는 눈에 보이지는 않지만 어떻게 실재한다는 게 증명되었나요?

A. 전자기파가 존재할 것이라는 이론은 멕스웰에 의해서 시작되었습니다. 그래서 전자기학을 공부할 때는 멕스웰 방정식이라는 이론을 꼭 배우게 되어 있는데요. 이후에 이론적인 부분을 실험에 성공한 사람이 헤르쯔입니다.

헤르쯔는 전자기파를 실험하기 위해 전기스파크를 이용하였습니다. 무선통신에 사용되는 전자기파는 전기가 흐르면서 생기는 것인데요. 전기스파크는 한쪽에서 반대편으로 전기가 흐르는 현상이므로 이를 실험에 사용한 것입니다. 실험에서는 한쪽에 전기스파크를 일으키는 장치를 사용하고 반대편에는 안테나 형상의 둥근 금속물체를 사용하였습니다. 이 안테나 형상의 물체 끝에는 약간의 공간이 있는데요. 만약에 전자기파가 잘 도달했다면 이곳에서도 전기스파크가 발생할 것으로 생각한 것입니다.

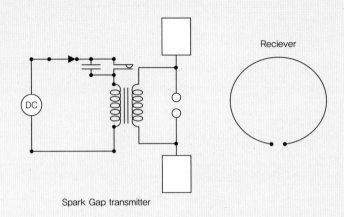

Spark Gap transmitter

실험 결과는 전기스파크 발생기에서 스파크가 발생하고 있을 때 선으로 연결되지 않은 반대편에서도 똑같이 전기스파크가 발생하는 것을 확인한 것입니다. 이 실험을 통해 선으로 연결되지 않아도 전기를 흘릴 수 있다는 것이 증명되었던 것이죠. 멕스웰의 이론에 따라 전기가 흐르면서 발생한 전자기파가 반대편에 전달된 것으로 생각한 것입니다.

Q. 우리가 대표적으로 들어가는 스마트폰에 무선통신을 할 수 있는 칩이 있을 것 같은데요. 간략하게 어떻게 생겼고 어떤 원리로 동작하는지 설명해주세요.

A. 스마트폰은 무선통신기기 중 대표적인 제품이라고 할 수 있습니다. 요즘의 스마트폰에 사용되는 무선통신으로는 전화통화, WiFi, Bluetooth 등이 있는데요. 무선통신 기술은 사용되는 주파수와 통신의 약속(프로토콜)만 다를 뿐 하드웨어적인 모습은 비슷합니다. 그래서 아래와 같이 간략히 나타낼 수가 있는데요.

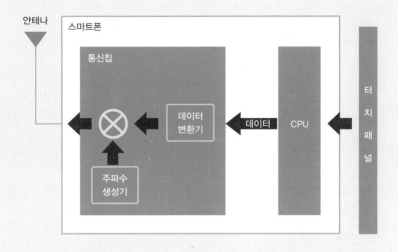

CPU(프로세서)는 스마트폰의 핵심 부품으로 프로그램을 실행하고 전화를 하거나 터치를 인식하는 등의 동작을 하게 됩니다. 통신칩은 단순히 무선통신을 위한 칩이기 때문에 CPU에 연결되어서 동작하도록 되어 있죠. 만약에 CPU가 보내야 할 데이터가 있어서 통신칩으로 그 데이터를 보내면 통신칩은 대역폭에 맞게 변환하여 중심주파수와 합치는 일을 합니다. 중심주파수는 책에서 설명드렸듯이 대역폭에 맞게 변환된 데이터를 보내기 위한 역할을 하고 있구요. 중심주파수는 전화통화용, WiFi용, Bluetooth용이 각각 다른 주파수를 가지고 있습니다. 그래서 통신칩은 목적에 따라 대역폭을 정하고 중심 주파수를 선택한 후에 안테나를 통해서 공중으로 보내는 것입니다.

에필로그

어떤 사람은 "이런 거 몰라도 사는 데 지장 없어!"라며 살아가기도 하고 어떤 사람은 여러 지식들을 습득하면서 삶의 지혜를 얻기도 합니다. 여러분은 아마도 후자에 속해있는 분들이 아닐까 생각합니다. 이 책을 끝까지 읽었을 테니까요. 우선 여기까지 오신 여러분께 뜨거운 응원과 감사를 드립니다.

이 책은 두 번째로 쓰는 책이지만 역시나 책을 쓰는 일은 쉬운 일이 아닌 것 같습니다. 그 중에서도 가장 어렵다고 느낀 것은 어느 정도의 깊이로 설명하느냐였습니다.

처음에 집필했던 책은 기술서적이다 보니 독자는 대부분 기초를 공부한 엔지니어들일 것이라 생각하였습니다. 그러나 책에 관련된 문의를 주시는 분들은 엔지니어가 아닌 분들도 공부를 위해 본다는 것을 알게 되었죠. 그래서 이번 책을 쓰면서 가장 중요하게 여긴 점이 어떻게 하면 여러 사람들이 쉽게 이해할 수 있을까였습니다.

그래서 어려운 용어를 사용하기보다는 일반적인 용어를 사용하려고 하였고 삽화나 비유를 많이 활용하여 설명을 하게 되었습니다. 깊이 있는 학문적 지식을 원했던 독자는 조금 실망하셨을 수도 있겠지만, 쉽게 설명하여 많은 사람들이 IT 과학이슈를 폭넓게 이해하는 것이 목적이 되어야 한다고 생각하는 것에는 아직도 변함이 없습니다.

이 책을 통해서 과거와 현재의 문화(과학이나 기술 등을 포함하여)를 배워 미래를 읽어내는 혜안을 조금이나 얻어냈다면 그리고 무엇보다 여러분이 흥미롭게 이 책을 읽었다면 저자로선 목표한 바를 이루었다고 생각합니다. 사실, 흥미없는 지식은 정말 곤욕이거든요.

이 책에서 다루었던 이야기들, 가상화폐, 웨어러블 디바이스, IoT 등은 지금도 계속 발전중이고 하루아침에 또 다른 소식들이 들려오기도 합니다. 앞으로도 그런 소식들은 인터넷에서 쉽게 만날 수 있기 때문에 여러분도 자주 접하게 될 텐데요. 책을 다 읽은 이 시점에서 여러분들은 예전과는 다른 관점에서 뉴스를 읽을 수 있을 거라 생각합니다.

예전에는 "○○○이라는 제품이 나왔더라" 내지는 "이런 기술이 들어가 있는 제품이다" 정도로만 생각했을 텐데요. 이제부터는 "이 기술이 들어가 있으니까 이런저런 장점이 있겠군" 내지는 "좋은 기술이 들어가 있긴 한데 배터리는 오래 갈까?" 등의 생각을 할 것이라 봅니다. 즉, 예전보다 조금 더 관심을 갖게 되고 뉴스의 내용에서 벗어난 단계도 생각할 수 있을 것입니다. 그러다 보면 다른 곳에서도 응용하여 새로운 제품을 구상하거나 만들어 낼 수 있지 않을까 생각합니다.

이 책을 재미있게 읽으셨고 도움이 되는 부분이 있다고 생각한다면 앞으로도 꾸준히 뉴스를 읽는 습관을 가져보기 바랍니다. 그런 습관은 여러분에게 있어서 일이 되었든 생활이 되었든 선택의 폭을 넓혀줄 것이고 살아가는 데 큰 자산이 될 것입니다.

에필로그를 쓰고 있는 오늘 "구글이 캠퍼스 서울을 짓겠다"는 뉴스가 나왔습니다. 한국이 기술적으로 준비가 되어 있고 좋은 인재가 많다고 판단한 것이겠죠. 그렇다면 여러분도 기술적으로 앞서 있고 좋은 인재라는 것입니다. 앞으로도 좋은 기술들을 많이 알아가며 응용하여 좋은 제품을 기획하고 만들어 성공하기를 기원하며 에필로그를 마치려 합니다.

이 책을 빌어 많은 분들에게 고마움을 전합니다. 리뷰어로서 그리고 제작자로서 능력을 발휘해 주신 임성춘 편집장에게 가장 고맙다는 말을 전합니다. 그리고 삽화를 예쁘게 만들어주신 정혜란님, 디자인을 멋지게 만들어주신 박진희님, 이호용님, 글을 읽고 부족한 부분과 좋은 부분을 알려준 길중이 형님과 친구들(종, 현, 범수, 진영, 세영, 성원, 우석, 치우)에게도 고맙다고 전하고 싶습니다.

마지막으로, 많은 시간을 함께 보내지 못해 미안하고 고맙다는 말을 미정이와 지아에게 전하고 싶습니다.

2014년 8월
이재영

미래를 바꿀
IT 과학이야기

" <u>IT</u>가 세상을 바꾸며
책이 세상을 바꾸는 힘을 믿습니다. "